# 新聞の大罪

ヘンリー・S・ストークス



SB新書
514

# はじめに　新聞は平気でウソをつく

私は戦後まだ二十年も経っていない昭和三十九（一九六四）年にロンドンから東京に赴任した。まだ二十代半ばだったが、世界的な経済紙『フィナンシャル・タイムズ』紙の東京支局を立ち上げた。

その後もイギリスの『タイムズ』紙、そして『ニューヨーク・タイムズ』紙の東京支局長として、日本の戦後復興、経済発展、バブルの崩壊、デフレ・スパイラルの時代とそこからの脱却、そして安倍晋三政権下の日本までを、約半世紀にわたり、ずっと見つめてきた。

しかし、そうした日本の過去五十年の姿を鳥瞰するときに、私には一つとても気がかりなことがある。

それは、日本のメディアのあり方だ。

私は新聞報道の世界に生きてきた。過去五十年、日本のことを世界に向けて発信してきた。しかし、そうした私には、日本のメディアのあり方が、気がかりで仕方がない。

日本のメディア、とりわけ日本の「大新聞」が、本当のことを伝えていないと感じる。現在の世の中の「メディア不信」は、その当然の結果ではなかろうか。

この傾向は、残念ながらさらにエスカレートして、最近は「スピン報道」なる言葉まで取りざたされている。

「スピン」とは、身近なところではフィギュアスケートの回転演技や、卓球のボールにかけられる回転を指すように、元は「回転」のことである。

英国の伝統スポーツであるクリケットでは、投げたボールの軌道を曲げたり、変則的なバウンドをさせたりして相手を欺くために「スピンボール」を使った。

こんな意味合いが情報の世界にも流用されたのが、「スピン報道」である。つまり、読者や視聴者を欺くために意図的に事実に「回転」をかけ、真実を曲げたり隠したりして特定の方向へ情報を操作する。

戦後の日本の新聞等マスコミにある「真実を隠蔽する報道体質」は、まさに現代の「スピン報道」に通じる性質を持っている。それが昨今のメディア不信の根源である。世の中には、単なる情報不足や取材力の欠如から生まれる「フェイク・ニュース」もないではない。しかし、そうした幼稚な情報行動と違って、「スピン報道」はかなり高度な情報社会の中で、情報技術にたけた人間が仕組む情報トラップ（罠）であるところが油断ならない。

新聞報道に関わってきたジャーナリストとして、私はメディアの犯してきたこうした罪を明らかにする責務があると、そう痛切に思う。

「偏向報道」つまり偏った報道、一方的な報道、そしてひいては「スピン報道」に至る情報操作は、大新聞のような権威あるメディアが最も警戒・自戒しなくてはならないことである。

読者は、その偏った報道や恣意的な報道を真実と信じてしまわないよう、最大限の警戒が必要である。

本書は、長年自らが身を置いた「業界」に対するいわば「内部告発」というような面も否めないが、いかに日本の「大新聞」の報道が、真実と異なり、歪曲された「偏向報道」であるか、そして「なぜ、偏向報道を続けるのか」を、率直に論じた。

私が願っているのは、愛する日本が、立派な国として世界から信頼される、独立主権国家となることだ。本書が、その一助となってくれることを、心より祈念してやまない。そのために、いま、日本の「大新聞」の闇を、明らかにしていく。

ヘンリー・S・ストークス

## 新聞の大罪　目次

はじめに　新聞は平気でウソをつく――3

第1章　「横並び」の新聞報道は、国民の敵である

日本の新聞報道はいつも「横並び」――14
私が出会った金日成、シハヌーク――18
報道とは真逆の北朝鮮の実態――24
隠されてきた何人もの金日成――27
新聞が報じない北朝鮮の正体――31
知らなかったのは日本だけ――35

## 第2章 長年情報戦に負けていた日本

大本営の「御用ペーパー」になった大新聞――42
開戦の詔書を利用して国民を煽った社説――49
報道のレベルを超えた英雄礼賛記事――53
社説は実際の戦局から離れ、虚報となった――58
なぜ報道姿勢を大転換したのか――65

## 第3章 昭和の大新聞の病根を暴く

「リットン報告書」報道の功罪――70
国際連盟脱退に賛成した新聞――73
「リットン報告書」の公平性――76
偏向報道は今日の問題である――80

今もタブーにされていること――83
海外に移った主戦場――87
あの戦争は「情報戦」の敗北だった――91
「情報戦」には平時と有事の区別がない――97
新聞は、時にその役割を逸脱する――101
大衆扇動の道具へ――104
厳しい現実をなぜか報道しないマスコミ――107

## 第4章 日本の大新聞はなぜ、「大誤報」に沈黙するのか

戦時プロパガンダの真実――110
事実を把握することは難しい――114
やはり「虚報」だった――117
日本を貶めるのは、「日本の新聞」だけではない――121

国際社会で情報戦に負けないために――124

## 第5章 一部の民意を総意にする偏向報道

香港・台湾問題をどう考えるか――128
報道姿勢がブレる辺野古移設――132
新聞が本音を言えない環境を作る――137
中国と沖縄基地問題――140
新聞が沖縄の世論を操作している――143
国連委員会における翁長元知事の問題発言――147
米軍はどのような役割を果たしているか――153
この国が名実ともに自立するために――156

## 第6章　真実を伝えない新聞は、万死に値する

日本の新聞の投書欄はなぜ、つまらないのか——160
読者を啓蒙したがる日本の新聞——164
新聞記者はいかにして真実を伝えるべきか——168
戦前にもあった民主主義——172
大新聞は報道の原点に立ち返れ——175
「責任ある報道」とはなにか——181

おわりに　新聞の復権のために——183

# 第1章

# 「横並び」の新聞報道は、国民の敵である

# 日本の新聞報道はいつも「横並び」

私が痛切に感じるのは、本来はファクトをもとに報じる誇り高い「メディアの王」として君臨するはずだった新聞が、なぜ、かくも情けない姿に凋落してしまったかということである。

本来はジャーナリズムの旗印、「国民の味方」として支持されるはずの新聞が、ある時代には時の権力と結託して国民を煽り、またある時代には国や国民を貶めるような報道を繰り返して、「国民の敵」になってしまった。

そうした新聞の姿勢がどこから来ているのか、先の大戦まで戻って元をたどることも必要であるが、その前に今現在も続いている諸問題に関する報道について取り上げたい。

本章で私が指摘したいのは、日本の新聞各紙は「横並び」の報道に終始することが多い、ということだ。ここでは一例として、今も切迫した情勢が続く北朝鮮についての報道事例を取り上げるが、各社が独自に取材した情報を基に報じていれば、ここまで画一的な報道にはならないであろう。

私は昭和五十三（一九七八）年『ニューヨーク・タイムズ』東京支局長と、ソウル支局長を兼任した。欧米メディアでは、当時、最もアジアでの経験が豊富な記者であったと自負している。取材の対象となった国は、東アジア、東南アジア全域にわたった。西側メディアを代表して、アジア各国の首脳とも何度も直接会って取材した。たとえば、北朝鮮に関していえば、「建国の父」とされる金日成《きんにっせい》とも面会した経験がある。その頃のことから話を始めたい。

金日成と会ったことは、私がジャーナリストとして体験した貴重な出来事の中でも、最大なものの一つだ。

私は昭和三十九（一九六四）年に日本に来たが、その六年後の昭和四十五（一九七〇）年、旅客機をハイジャックして北朝鮮に亡命を図った「よど号事件」も起きていた。

金日成に会ったのは、昭和五十五（一九八〇）年、韓国で全斗煥《ぜんとかん》が軍の実権を掌握したときだった。北朝鮮が「休戦協定を白紙化する」と宣言し、朝鮮半島が危機に陥ったとき、アメリカが特使を派遣することになった。この大切なミッションに選ばれたのが、ニューヨーク州選出のスティーブ・ソラーズ下院議員だった。その当時のアメリカは、朝鮮半島の情勢を、非常に緊迫したものとして捉えていた。後述する光州事件のように特定の地域におけるものではなく、朝鮮半島全体を巻き込んだ大々的な武力衝突が起こると懸念していた。

そうした中で、アメリカ政府によって「自国の要人を北朝鮮に派遣する」というミッションが遂行された。北朝鮮に対して「戦争が起きることはない」「韓国が北朝鮮を刺激するようなことはない」というメッセージを伝えるためだ。

メディアは三社が選ばれたが、『ニューヨーク・タイムズ』紙記者の私一人が、三社の代表として随行することになった。

『ニューヨーク・タイムズ』紙は人選を『ロンドン・タイムズ』社に依頼。その結果、私が適任者として選ばれたのである。ニューヨーク側が北朝鮮側と交渉をすすめ、選任された私に、ニューヨーク側から招待状が届いた。金日成とは握手はできるものの、会談には同席できないという条件付きではあったが、当時の北朝鮮の首脳に直接会えるという、またとない貴重な機会である。私は大変光栄に感じ、かの地へ向かった。

# 私が出会った金日成、シハヌーク

私は平壌郊外の宮殿で五日間を訪問団とともに過ごしたが、確か金日成と面会したのは北朝鮮に滞在して四日目であったと記憶している。

「重要な人物に会わせる」と言われ、期待に胸を躍らせた。その日、私たちは平壌空港に連れていかれ、北東のとある小さな空港に降り立った。目的地がどこなのか、知らされることはなかった。空港から車で、山をいくつかこえて、ある場所で車を下ろされた。そこにあるのは、まるでゴルフ場のクラブハウスのような木造の建物であった。車を降りて丘を登っていくと、一人の男が私たちを出迎えてくれた。この人物が金日成その人であった。

彼の首の右側には、大きな瘤があったことは広く知られているが、この時出会った人物にはそれがあり、私は正真正銘の金日成だと、そう思った。

我々を握手して出迎えた金日成は労働服を着て、丸々と太りかなりの体格だった。金日成は、はじめにソラーズ下院議員に挨拶をして、私はその後だった。その場には、アメリカの放送局、ＮＢＣテレビの記者などもいたと記憶している。

いま、孫の金正恩が時々報道に姿を現すが、彼の姿はおじいさんを彷彿させるところもある。確かに似ている。

そのときは、同行していた国務省の役人から「報道関係者は同席できない」と言われたため、金日成とソラーズ議員との会談には立ち会えなかったが、目付役としてＣＩＡ（米中央情報局）の職員が同行していたことが印象に残っている。

金日成のことは記事に書かない約束だったので、私は付き添ってくれた北朝鮮高官のこと、毎晩開かれたパーティのことなど、毎日書いてニューヨークへ送った。毎晩、十一時をまわるころ、車が迎えに来てくれた。私はそれに乗って郵便局に向かい、北朝鮮で書いた記事をニューヨークへ送ったものである。『ニューヨーク・タイムズ』紙では、私の記事を一面の「下段《ビロウ・ザ・フォールド》」で扱ってくれた。

「歴史的な貴重な機会を与えられた」と、私は思った。このような場に来ることができるジャーナリストは、世界中を見わたしても一握りしか存在しない。最初に機会を与えられたのは、『ニューヨーク・タイムズ』紙の米国人記者、ハリス・サリスベリーで昭和四十六（一九七一）年、私は彼に続いて2番目、イギリス人記者としては史上初だった。

滞在中の数日間は、平壌郊外にある金日成の宮殿で過ごさせてもらった。そこはさながら「ヴェルサイユ宮殿」の軍事版といった趣である。広大な宮殿には、無数の部屋があり、風呂場は一般的なホテルの十倍も二十倍もあった。

この宮殿には、カンボジアのシハヌーク殿下も滞在していて、別名「シハヌークの宮殿」とも呼ばれた。シハヌーク殿下は当時、カンボジアから追われ、北京に亡命政府を樹立していた。母国から追われている間、金日成の食客として北朝鮮にも滞在し、平壌《ピョンヤン》と北京を行き来していた。

その宮殿ではNBCテレビのフリージャーナリストや、『タイム』誌の特派員・リチャード・バーンスタインと同行していたが、私は最も大切にしてもらった。世界一権威ある日刊紙、『ニューヨーク・タイムズ』の特派員だったからかもしれない。その宮殿では、シハヌーク殿下と直接話す機会を頂いた。殿下は注意深く、金日成に関しては全く語ることをしなかった。いつも笑顔で、私たちを受け入れてくれた。

シハヌークは、金日成に対しても、温かく接していた。金日成には一体、世界中に何人の友人が存在しただろうか。恐らく孤独であったろう。金日成もシハヌークを大切な存在として扱っていた。いつも細やかな気配りをしていたことが印象に残っている。

また、シハヌークは北朝鮮で『ボコールの薔薇』という劇映画も制作していた。これは、平壌の撮影所で撮られたものである。映画のテーマは、白人列強と戦った日本軍がいかに高貴な存在であるかを讃えていた。

映画の冒頭、金日成の肖像と、彼をたたえる字幕が出る。劇中の台詞は、すべてが朝鮮語に吹き替えられていた。舞台はカンボジアのボコールの沿道に集まった民衆が、総出で日本軍を歓迎する場面から始まる。その日本軍を演じているのが、なんと朝鮮人民軍。軍人として訓練を積んでいるので、見事な行軍だ。シハヌークは本作に出演もしていて、彼が演じたのは、なんと日本軍の指揮官・長谷川一郎大佐であった。作中に登場する日本軍は規律正しく、民衆は日本軍が来るや「自分達の解放者」として狂喜して出迎えるのである。

この作品の試写会には、金日成が息子の金正日を伴ってやってきた。上映が終わると、二人はシハヌークに、「素晴らしい作品だ」と伝えたという。私は、シハヌークの側近から、このエピソードを聞いた。

北朝鮮では、そのほかにもいろいろな体験をした。滞在の最初のうちは、金日成も北朝鮮高官も、私には好印象を与えた。付き合ううちに、威厳があり、北朝鮮対アメリカ政策に関して論理的かつ首尾一貫した説明を行った時には、感銘を受けたものである。紳士的で静かにものごとを語る北朝鮮の高官たちに感心し、そのことを「北朝鮮の高官に威厳を感じた」と、記事にも書いた。このように書いた記者は、西側のメディアには私のほかに存在しなかった。

しかし、この目で見てきた北朝鮮が「虚像」に過ぎなかったことに、私は間もなく気づくことになる。

## 報道とは真逆の北朝鮮の実態

現在の日本で、金日成の崇拝者にお目にかかることは少ないが、北朝鮮の建国からまだ日が浅い時代では事情がだいぶ違っていたらしい。

これは私の来日前のことだが、昭和三十一（一九五六）年に金日成が、「在日朝鮮人学生を衣食住や学費を無償で北朝鮮に受け入れる」と宣言し、これを受けた日本のとある団体は、北朝鮮を「衣食住の心配がない」などと宣伝。メディア各社も、これにならって批判的な報道を行わなかった。当時、北朝鮮は「地上の楽園」とまで報じられていた。

こうした報道姿勢では、メディアの責任を果たすことは難しいと思うから、極力独自のジャーナリスト活動を心がけてきた。日本国内の横並びの新聞報道とは違う一例として、私が独自に知りえたことについて、書いておきたい。

北朝鮮の中央官庁の建物や、大規模な集団農場などを観光する機会も頂いた。高級車の後部座席に座って観光をしているとき、平壌の郊外で偶然、十五台ほどのトラックとすれ違った。そのトラックは大勢の男たちを運んでいて、その男たちは一様に悲惨な環境にいることがわかる目つきや姿をしていた。「闇」を垣間見たのはこの時であった。

その様子から私は、彼らが噂には聞いていた政治犯収容所の囚人だと直感した。それまでこの国で出会ってきた高官たちとはまったく違う風貌に、大きなショックを受けた。このとき、「北朝鮮の現実」を痛感したのである。その後私はいろいろと調査を行った。そしてその結果、北朝鮮の隠された一面がわかってきた。

北朝鮮は独裁国家であり、金日成政権が、国民も、軍隊も完全にコントロールしていた。この国に暮らす人々にはもちろん、言論の自由などはない。政権に目をつけられた人は、政治犯収容所に入れられた。

北朝鮮に滞在している間、北朝鮮によって制作されたオペラも観賞する機会を頂いた。テナー歌手が、ジャーナリストに扮し、歌い上げる演目だった。そこからは独裁国家の「正体」などはつゆも見えない。何とも皮肉な話である。

言論の自由がない国の政府高官が、外国人記者に、自国に存在しない「ジャーナリスト」の物語を見せたのだ。高官たちが、私たちに用意した接待の数々はいずれもドラマチックで、見事なものばかりだった。

今思えば、私が付き合った高官たちは、いわばポーカーゲームの達人のようなものだった。我々ジャーナリストには「よそ行きな」姿を見せながら、他方で国内に恐怖政治を敷いて自国民を弾圧し、見せかけの豊かさで「平和」な国家運営をしていたのだ。

## 隠されてきた何人もの金日成

この国家についてさらに調べるうち、私は金日成の「別の顔」についての情報を得た。

金日成の実態については今も「最大の謎」とされており、諸説あるが、私は、旧知の朝鮮問題の専門家である植田剛彦氏（現・自由社社長）から、「金日成という人物そのものが『意図的に作られた』もの」だ、と聞いた。さらには、その情報元が韓国で政治学博士・大学教授として著名な李命英氏の著書『四人の金日成』であることを知ったのである。

この書籍に記された情報は、「北朝鮮建国の父」とされている金日成が、じつは最初から「金日成」ではなかったこと、現在の「金日成」になる前に、何人もの「キム・イルソン」が存在したこと、そして建国の英雄としての神話にも、いくつもの不可解な点がある、ということである。

すでにこの世を去っている金日成の実像に関して、今となっては全てのことを知ることは難しい。しかし、私が植田氏から聞いたこの説を報じているメディアは、いまだに日本では、ほとんどない。非常に不可思議である。

昭和二十（一九四五）年十月十四日、平壌常設運動場でソ連軍歓迎平壌市群衆大会が開かれた。日ソ中立条約を一方的に破り、北朝鮮全域に軍を展開してきたソ連軍を歓迎するための祭典だった。

この会に出席した英雄「キム・イルソン」の姿を一目見ようと集まった群衆の前に現れたのは、三十歳前後の若い男だった。人々は昔から「金日成将軍」の武勇伝を聞いていたから、そのイメージは五十歳を超えているはずだった。

会場に微妙な空気が流れた。「彼はキム・イルソン将軍ではない！」「ニセ者だ！」という声が広がった。


以下、李命英氏と、李氏と同様の説を自著などで伝えている朴甲東氏（昭和三十二年に中国に亡命し、その後日本で出版社・成甲書房を創業した人物）の説を総合すると、じつはここに至る前、英雄的な「キム・イルソン」と呼ばれた二人の人物がいたという。

まず一人は本名を金昌希《きんしょうき》といい、一九二〇年代（大正九年〜）まで金日成という別名も使って抗日ゲリラ戦を戦い、三・一独立運動以来、名が知られるようになった。しかし、大規模な戦闘を繰り広げるまでに至らず、昭和元年（一九二六年）には死亡している。

もう一人の人物は金光瑞、別名・金擊天といい、朴氏によれば三・一独立運動をきっかけに、日本軍やロシア白軍と戦い、ロシア領に入ったころから金日成を名乗ったという。

しかし、大正十四（一九二五）年以降、消息がわからなくなり、その後、死亡したか、一説にはソ連国籍を取得したが、スパイ容疑でスターリンに粛清されたとも言われている。


この二人の活躍が人々の間に広まるにつれ、「英雄・金日成」が伝説化し、さらにつぎつぎにこの名を名乗る者が現れたが、いずれも昭和二十（一九四五）年のソ連軍歓迎大会の前に死去している。

そして、このソ連軍歓迎大会に出席した若い人物こそ、後に北朝鮮の国家主席となり、二代目・金正日の父、三代目・金正恩の祖父となる「金日成」、本名・金聖柱《きんせいちゅう》またはは金成柱だった。

このことを報じた日本の新聞は存在するであろうか。

## 新聞が報じない北朝鮮の正体

ソ連軍歓迎大会に出席した若い男、金聖柱が、その後、絶大な権力を持つ国家主席・金日成になっていく。そのために着々と準備が整えられていった。

まず、人々を納得させる経歴が必要である。今も広く信じられている彼の経歴は、満洲で朝鮮人共産主義者の武装部隊「朝鮮人民革命軍」を組織し、昭和五（一九三〇）年から昭和二十（一九四五）年までの間に、およそ十万回の抗日戦を戦って、百戦百勝だったとされる。

しかし、満洲のどこにも「朝鮮人民革命軍」という軍はなかった。あったのは、満洲で昭和四（一九二九）年から昭和十三（一九三八）年まで武装闘争をしていた「朝鮮人民族主義独立軍」と、一九三〇年代前半（昭和五年～）に満洲で中国共産党が組織した抗日パルチザン部隊「東北人民革命軍」（後、「東北抗日聯《れん》軍」）だった。

しかし後の金日成、金聖柱はそのいずれにも一切、関わった記録がない。

金日成が属した記録のあるのは、「第一路軍」だが、これは今述べた「東北抗日聯軍」が昭和十一（一九三六）年に再編され、南満洲に展開したのが「第一路軍」、東満洲に展開したのが「第二路軍」である。しかし、この「第一路軍」は昭和十五（一九四〇）年、警察に追われてソ連に遁走している。

ということは、金日成は仮にこの運動に携わったとしても数年間のことであろう。ましてや十万回の勝利、ということはない。

このほかにも、金日成にまつわる説は、李命英氏もいろいろ挙げているが、翻訳家の藤田氏によると、近年日本でベストセラーになっている書籍でも紹介されているようだ。

たとえば、「金日成は自分の神格化を図るため、北部国境にある白頭山を建国の聖地とし、ここに丸太の小屋を建てて抗日パルチザンの密営だとした上に、後継者である息子・金正日の誕生地もここだ」と宣言した。しかし、金正日の生まれたのは昭和十七（一九四二）年、ソ連領のハバロフスクであったことは天下に知られている。

こうした資料があるのに、それに異を唱える人間がいない。報道もなされない。ここには誰の意思が働いていたのだろうか。

また、金日成はソ連と密接なかかわりを持っていたようである。このことについては、ソ連の政治司令官だったニコライ・レベデフが、次のように証言している。

「金日成の本名が金聖柱だったことは知っていた。抗日パルチザン闘争の英雄として知られていた金日成の名を使ったのだ」

ソ連はまず、「神格化された金日成」の情報を北朝鮮民衆に知らしめた。次いで隣国・日本に、そして世界中に周知したのである。

プロパガンダに関しては、かねてより親しくさせて頂いている弁護士のケント・ギルバート氏も、ヒトラーの『わが闘争』の次の言葉を紹介している。

プロパガンダは、「庶民が親しめるものであること。そして対象とする者の中でも最も程度の低い者の受容力に合わせること」であり、「真実が他者を利する限り、大衆に向かって教条的に正しく客観的にこれを追求するためではなく、絶え間なく大衆を自らの意のままにするためにある」という。

ヒトラーのこの言葉は、大衆の知性をあなどり、意のままに情報操作しようとしたものであり、前述したソ連のやり方も、まさにこれに通じるものだ。そして、国内の大衆だけでなく、海外諸国もこの情報操作の標的となったことになる。

# 知らなかったのは日本だけ

ここまでのところで、「金日成は昔の話」と感じる読者も多いかもしれない。ならば、その流れを受け継いだ二代目・金正日、三代目・金正恩の場合はどうだろうか。金正日、金正恩を巡る情報に関しても、この情報のグローバル化の中で日本のメディアは弱すぎる。

金日成の時代とは比べものにならないほど発達した情報時代になっても、日本のメディアは相変わらず、今まで縷々指摘してきたような出来合い情報・鵜呑みデータでの報道が目立つ。我々欧米のマスコミ人にとっては当たり前すぎる情報でも、大きく後れを取っているメディアが多すぎるのだ。

たとえば、金正恩の「斬首作戦」という穏やかでない計画がアメリカでどれほど進んでいたか、日本の大手メディアは把握していただろうか。

私の相棒、藤田裕行氏は、金正日と近しい仲であった人物・A氏の通訳を務めた縁があり、A氏から直接に北朝鮮での体験を聞いている。

A氏が来日したときには、アメリカの情報筋が尋問をしている。アメリカの諜報機関が何を知りたかったのか。藤田氏が通訳した内容のすべてを明らかにすることはできないが、藤田氏曰く、彼らが知りたかったのは、「情報衛星でわかる以上のこと」だった。外からうかがい知れることに関しては、アメリカの諜報機関はすでにほとんどすべての情報を持っていた。

アメリカの情報筋は、地下施設や逃げ道になる地下道、その出口・入口、またそうした特定ターゲットの警備人員や武装レベルなど、衛星で探れないところを知りたがっていた。

そうした場所情報・位置情報を確かにした上で、金正恩が今どこにいるか、三十分前にここにいたという情報でなく、リアルタイムでの所在がかなりの精度でわかる仕掛けをつくろうとしていた。


それはなぜか。前からささやかれていた単なる噂ではなく、現実に金正恩の暗殺計画、「斬首作戦」と名づけられた作戦が考えられていたのだ。「1時間前、ここにいた」というのでは、作戦は成功しない。「今、ここにいる」という情報が必要だ。

もともとアメリカでは平成十一（一九九九）年の段階で、在韓米軍司令官が、北朝鮮崩壊時に米韓軍が介入するというシナリオと、その実行計画が存在することを認めていた。

その計画とは軍事作戦計画「5029」と呼ばれるもので、北朝鮮でクーデター、革命、大規模亡命・大量脱北、大量破壊兵器の流出など、体制を揺るがしかねない事態が発生したときのことを想定したものだった。

さらに平成二十七（二〇一五）年ころからは、朝鮮半島が危機的状況を迎えることを予測して、北朝鮮に対し、「レジーム・チェンジ」（体制転換。とくに武力や非軍事的手段で他国の政権や指導者を替えること）という言葉さえ使いはじめていた。

そして、軍事作戦計画「５０２９」をバージョンアップした軍事作戦計画「５０１５」が策定され、その中に暴走する北朝鮮の金正恩体制を替えてしまおうという、「斬首作戦」も含まれていたのだ。

アメリカは、平成二十三（二〇一一）年五月に、ウサマ・ビン・ラディンを、彼が潜伏していたパキスタンで殺害しているが、北朝鮮においても、同様の作戦を遂行しようとしていたのである。

なお、これらはすべてオバマ大統領時代のことである。オバマ大統領率いるアメリカは、北朝鮮に対しても「戦略的忍耐」の美名のもとに戦略的空白に甘んじているかのように見えた。しかしアメリカは、何もせず、ただ手をこまねいていたわけではなかったのである。

にもかかわらず、日本のメディアのほとんどは、そのポーズを鵜呑みにしていたのではないか。

じつはこの「戦略的忍耐」の裏で、「斬首作戦」まで立てられていたことを、日本のメディアはどの程度、正確に把握していただろうか。はなはだ心もとない。

その後、アメリカは「自国《アメリカ・》ファースト」の政策を掲げるトランプ大統領の時代になり、韓国も文在寅《ムンジェイン》大統領という親北政権に替わったため、北朝鮮との関係は大きく変化している。

ただ、トランプの「アメリカ・ファースト」を、アメリカ一国主義という「内向き」な政策だと勘違いしている人が多い。「アメリカ・ファースト」は、トランプ大統領が言うように、「アメリカを再び偉大にする」政策なのだ。それは、アメリカを世界ナンバーワンの国にするという意味である。トランプ大統領は、着実にそのステップを遂行しているのだ。

こうした情勢下において、日本のメディアが、いかに情勢の変化に振り回されず、激化する「情報戦」に立ち向かえるか注視しなくてはならないだろう。

第2章

# 長年情報戦に負けていた日本

# 大本営の「御用ペーパー」になった大新聞

そうした「情報戦」の見方からすると、日本の新聞は先の大戦中から「情報戦」に敗れ続けた。さらに、終戦となり戦闘が終わった後も、「情報戦」は終わっておらず、その戦後の「情報戦」にも、残念ながら負け続けている。

歴史をさかのぼれば、日本の新聞は明治時代、藩閥政府を批判する勢力によって誕生した「反権力」的なものが多かった。しかし戦時中は軍国主義を煽る機関となっていった。

ところが、戦争に負けてからは、一転して占領軍総司令部・GHQから発した極秘の「プレス・コード」に従い、報道の自主規制をし始めた。そのうえ、共産主義者などに有利になるような報道が、国内外で報じられてきた。
戦後の日本で、いかに厳しい言論統制があったかを、マスコミは今でも報道しない。日本の未来を担う若者や日本を海外に報じる外国特派員のために、ここであえてGHQの「裏のプレス・コード」を掲載しよう。

【削除および発行禁止対象のカテゴリー（8項目）】
1. SCAP（連合国軍最高司令官もしくは総司令部）に対する批判
2. 極東国際軍事裁判批判
3. GHQが日本国憲法を起草したことに対する批判
4. 検閲制度への言及
5. アメリカ合衆国への批判
6. ロシア（ソ連邦）への批判
7. 英国への批判
8. 朝鮮人への批判

9. 中国への批判
10. その他の連合国への批判
11. 連合国一般への批判（国を特定しなくとも）
12. 満洲（現・中国東北部）における日本人取り扱いについての批判
13. 連合国の戦前の政策に対する批判
14. 第三次世界大戦への言及
15. 冷戦に関する言及
16. 戦争擁護の宣伝
17. 神国日本の宣伝
18. 軍国主義の宣伝
19. ナショナリズムの宣伝
20. 大東亜共栄圏の宣伝
21. その他の宣伝
22. 戦争犯罪人の正当化および擁護

23. 占領軍兵士と日本女性との交渉
24. 闇市の状況
25. 占領軍軍隊に対する批判
26. 飢餓の誇張
27. 暴力と不穏の行動の煽動
28. 虚偽の報道
29. GHQまたは地方軍政部に対する不適切な言及
30. 解禁されていない報道の公表

もちろん、その時代ごとに新聞等メディアを取り巻く状況は、移り変わるものだ。それによって、メディアの報道内容に対して、微妙に影響が表れることはあるかもしれない。しかし、明らかに特定の勢力におもねり、社を貫く報道姿勢が大幅に転換することは、あってはならないと私は考える。

たとえば戦前・戦中の日本の新聞は、大本営の「御用ペーパー」と呼ばれてもおかしくないような、報道が行われていた。国民を鼓舞し、戦意高揚に努めるような「社説」に、その影響が強く表れている。

その一例として、朝日新聞の社説を辿って見てみたい。もちろん当時の新聞は、朝日新聞に限らず、国を挙げての戦時ムードの中で似たような論調だった。その代表格としての朝日新聞である。

たとえば、評論家の室谷克実氏の『朝日新聞「戦時社説」を読む』(毎日ワンズ)には、新聞が戦前・戦中に掲載していた社説が紹介されている。

日米開戦の昭和十六(一九四一)年十二月八日に発せられた、昭和天皇のいわゆる「宣戦の大詔」を受けて、その日の夕刊(日付は十二日九日)に発表された社説である。まず「宣戦の大詔」とはどのようなものだったか。

一般には、終戦のときに玉音放送された「終戦の詔書」はよく知られているが、この開戦に関する詔書はあまりよく知られていないようなので、ここに全文を掲げてお

く。（国会図書館デジタルコレクションほかより。原文の漢字は旧字体を常用漢字に直してある）

「米国及英国ニ対スル宣戦ノ詔書

天佑ヲ保有シ万世一系ノ皇祚《こうそ》ヲ践《ふ》メル大日本帝国天皇ハ昭《あきらか》ニ忠誠勇武ナル汝有衆《なんじゆうしゅう》ニ示ス

朕《ちん》茲《ここ》ニ米国及英国ニ対シテ戦《たたかい》ヲ宣《せん》ス　朕カ陸海将兵ハ全力ヲ奮《ふるっ》テ交戦ニ従事シ朕カ百僚有司《ひゃくりょうゆうし》ハ励精職務ヲ奉行《ほうこう》シ朕カ衆庶《しゅうしょ》ハ各々《おのおの》其《そ》ノ本分ヲ尽シ億兆一心国家ノ総力ヲ挙ケテ征戦ノ目的ヲ達成スルニ遺算《いさん》ナカラムコトヲ期セヨ

抑々《そもそも》東亜ノ安定ヲ確保シ以《もっ》テ世界ノ平和ニ寄与スルハ丕顕《ひけん》ナル皇祖考丕承《こうひしょう》ナル皇考《こうこう》ノ作述《さくじゅつ》セル遠猷《えんゆう》ニシテ朕カ拳々《けんけん》措《お》カサル所《ところ》　而《しこう》シテ列国トノ交誼ヲ篤《あつ》クシ万邦共栄ノ楽《たのしみ》ヲ偕《とも》ニスルハ之亦《これまた》帝国カ常ニ国交ノ要義ト為《な》ス所ナリ　今ヤ不幸ニシテ米英両国ト釁端《きんたん》ヲ開クニ至ル　洵《まこと》ニ已《や》ムヲ得サルモノアリ豈《あに》朕カ志ナラムヤ　中華民国政府曩《さき》ニ

帝国ノ真意ヲ解セス濫《みだり》ニ事ヲ構ヘテ東亜ノ平和ヲ攪乱シ遂《つい》ニ帝国ヲシテ干戈《かんか》ヲ執《と》ルニ至ラシメ茲《ここ》ニ四年有余ヲ経タリ　幸ニ国民政府更新スルアリ　帝国ハ之《これ》ト善隣ノ誼《よしみ》ヲ結ヒ相提携スルニ至レルモ重慶ニ残存スル政権ハ米英ノ庇蔭《ひいん》ヲ恃《たの》ミテ兄弟尚未《けいていなおいま》タ牆《かき》ニ相鬩《あいせめ》クヲ悛《あらた》メス　米英両国ハ残存政権ヲ支援シテ東亜ノ禍乱《からん》ヲ助長シ平和ノ美名ニ匿《かく》レテ東洋制覇ノ非望ヲ逞《たくまし》ウセムトス　剰《あまつさ》ヘ与国《よこく》ヲ誘《いざな》ヒ帝国ノ周辺ニ於テ武備ヲ増強シテ我ニ挑戦シ更ニ帝国ノ平和的通商ニ有ラユル妨害ヲ与ヘ遂ニ経済断交ヲ敢テシ帝国ノ生存ニ重大ナル脅威ヲ加フ　朕ハ政府ヲシテ事態ヲ平和ノ裡《うち》ニ回復セシメムトシ隠《いん》忍久《にんひさ》シキニ弥《わた》リタルモ彼ハ毫《ごう》モ交譲ノ精神ナク徒《いたずら》ニ時局ノ解決ヲ遷延セシメテ此ノ間却《かえ》ツテ益々経済上軍事上ノ脅威ヲ増大シ以テ我ヲ屈従セシメムトス　斯《かく》ノ如クニシテ推移セムカ東亜安定ニ関スル帝国積年ノ努力ハ悉《ことごと》ク水泡ニ帰シ帝国ノ存立亦《また》正ニ危殆《きたい》ニ瀕《ひん》セリ　事既《ことすで》ニ此ニ至ル帝国ハ今ヤ自存自衛ノ為蹶然《けつぜん》起《た》ツテ一切ノ障礙《しょうがい》ヲ破砕スルノ外《ほか》ナキナリ

皇祖皇宗《こうそこうそう》ノ神霊上《かみ》ニ在リ　朕ハ汝有衆ノ忠誠勇武ニ信倚《しんい》シ祖宗ノ遺業《いぎょう》ヲ恢弘《かいこう》シ速《すみやか》ニ禍根ヲ芟除《さんじょ》シテ東亜永遠ノ平和ヲ確立シ以テ帝国ノ光栄ヲ保全セムコトヲ期ス」

## 開戦の詔書を利用して国民を煽った社説

この詔書は、開戦に至る日本の現状を極めて正確に、国民に伝えている。それを受けて書かれた朝日新聞の社説は、次のような内容だった。原文は改行なしで、わずか二つのセンテンスで書かれているが、わかりやすく改行をし、句読点をつけながらご紹介する。かっこ内は室谷氏の「注」である。


「宣戦の大詔ここに煥発《かんぱつ》され、一億国民の向うところは厳として定まったのである。

わが陸海の精鋭はすでに勇躍して起ち、太平洋は一瞬にして相貌を変えたのである。

帝国は、日米和協の道を探求すべく、最後まで条理を尽くして米国の反省を求めたにも拘らず、米国は常に誤れる原則論を堅守した。

（中略）事ここに到って、帝国の自存を全うするため、ここに決然として起たざるを得ず、一億を打って一丸とした総力を挙げて、勝利のための戦いを戦い抜かねばならないのである。

いま宣戦の大詔を拝し、恐懼感激に堪えざるとともに、粛然として満身の血のふるえるを禁じ得ないのである。一億同胞、戦線に立つものも、銃後を守るものも、一身一命を捧げて決死報国の大義に殉じ、もって宸襟（陛下のお心）を安んじ奉るとともに、光輝ある歴史の前に恥じることなきを期せねばならないのである。

敵は豊富なる物資を擁し、しかも依ってもって立つところの理念は不逞なる世界制覇の恣意である。従って、これを撃砕して帝国の自存を確立し、東亜の新秩序を建設するためには、戦争は如何に長期に亙ろうとも、国民はあらゆる困苦に堪えてこの『天の試練』を突破し、ここに揺ぐところなき東亜恒久の礎石を打ち樹てねばならぬのである。宣戦とともに、早くも刻々として捷報を聞く。まことに快心の極みである。御稜威のもと、尽忠報国の鉄の信念をもって戦うとき、天佑は常に皇国を守るのである。

いまや皇国の隆替（盛衰）を決するの秋《とき》、一億国民が一切を国家の難に捧ぐべき日は来たのである」

この社説が書かれた時点で、すでに日本時間十二月八日未明に決行された真珠湾攻撃の第一報は新聞社に入っていた。このことが、社説の中の「宣戦とともに、早くも刻々として捷報（勝利の知らせ）を聞く。まことに快心の極みである」という文章からもうかがえる。戦後明らかになった事実からも、日米開戦は、アメリカの扇動に乗せられた点も否めないとはいえ、社説の主張する当時の日本政府の認識と、国民感情はその通りだろうと思う。

国民を煽るような書きっぷりもあるが、国を挙げて総力戦の戦争を戦うという局面で、戦意高揚という目的も、そこにはあったことだろう。平時ならば考えられないことだが、これは平時ではなく、アメリカ、イギリス、オランダを敵として戦争を始めたという緊張感のなかでのことである。平時にある者が軽々に批判することはできない。

しかし、これらの社説には、民意を一定の方向に操作しようとする作為が透けて見える。

## 報道のレベルを超えた英雄礼賛記事

この社説の論調は、真珠湾の戦勝気分が残る十二月十日、マレー沖海戦での勝利が伝えられるとさらに高まった。

折から、緒戦の勝利を称え、連合艦隊司令長官・山本五十六《いそろく》に対して勅語が発せられ、十二月十一日、それを受けた社説が書かれた。

「連合艦隊が対米英開戦の即日、太平洋の天元《てんげん》ともいうべき布哇《ハワイ》に奇襲し、前古無比の赫々《かっかく》たる戦果を収めた事実は、真に克く忍び克く戦う者の、いとも見事なる姿を世界戦史に刻みつけたのである。

わが海軍の善断奇謀と必勝の神勇とは、夙《つと》に一億国民の感謝して措かぬところであり、一瞬にしてハワイ海戦の大勢決せるは、この有史以来の一大作戦の前途に対する、わが国上下の信望を愈重からしむるものでなければならぬ。

開戦第三日、畏《かしこ》くも大元帥陛下におかせられては、特に優渥《ゆうあく》なる勅語を連合艦隊司令長官山本五十六大将に賜い、わが海軍の偉勲を嘉《よ》みし給うとともに、忠勇なる将士の益々奮励して、前途の大成を期すべき旨を宣《のたま》わせ給う。誠に聖恩の洪大無辺なる、独り山本司令長官の光栄、連合艦隊将士の感激たるのみに止らず、わが全同胞の感奮興起するところたるは、固よりその所である。

時恰《あたか》も馬来《マレー》半島方面に於ても、英国東洋艦隊の主力絶滅の一大快報を併せ聞くを得たことは、何たる大慶であろう。かくて過去数世紀に亙り、太平洋を蔽《おお》い来った白人支配の鉄鎖は、すでに寸断せられつつあるというも過言ではないのである。今日ここに大元帥陛下の山本連合艦隊司令長官に賜わりたる優詔を拝して、全国国民と共に斉《ひと》しく国難突破の勇気百倍するを覚ゆるとともに、アジア解放の聖戦完遂に向って、益々邁進すべきことを誓いまつる次第である」

社説だけではなかった。室谷氏の著書には、この山本五十六大将を日露戦争の英雄・東郷平八郎になぞらえた「戦史不滅の大作戦──われらの提督山本長官の真面目《しんめいもく》」という記事も紹介されている。以下、その一部を引用させていただく。

「紀元二千六百二年、昭和十七年の元旦、世界最大の海、太平洋の怒濤は飛沫をあげて、極るところを知らない。このとき連合艦隊旗艦の艦橋に悠然とたって、『七つの海』を睨みながら、新たなる豪想を凍っている山本五十六提督の真面目を描いてみよう。(中略)

戦勝の要諦は奇略縦横にあるがことに海戦の場合には、緒戦において敵を圧する、いわば敵の出端《ではな》を挫《くじ》くということが大勢を決するようなものだから、そのためには真に敵の意表に出る戦略を練ることが、絶対に必要なのだ。

『皇国の興廃』をかけた、日本海大海戦で東郷司令長官は、敵前百六十度転針を敢行した。この奇略戦法がロシア艦隊を唖然たらしめ、敵は周章狼狽してしまった。(中略)

これが日本海大海戦での、大勝利をもたらした東郷長官の『丁字戦法』として、世界戦史に不滅のものである。十二月八日の開戦劈頭決行されたハワイ爆撃作戦が、いかに米海軍ばかりでなく、全世界の意表に出た驚嘆すべき一大奇襲戦法であることはいまさら繰返すまでもない。

そしてこの結果、米太平洋艦隊という一大軍事勢力を潰滅させたばかりでなく、敵の心胆を寒からしめ、士気を奪い去って、はじまったばかりの戦争の全局に、もはや動かすことの出来ぬ一大布石を完了したのである。まさに東郷長官の丁字戦法の精神をうけ継いだもので、ことに縹渺《ひょうびょう》数百万方浬《かいり》にわたる大海洋に構想された大作戦であることを強く銘記しなければならない。(後略)」

これはもう国民を煽ると言うよりは、記者自身の胸に沸き立つ英雄待望、英雄礼賛といった、内面の興奮を抑えきれない感情の吐露であって、報道とは言い難いものだったと言わざるをえない。

「真珠湾の奇襲」は、実は米国側の巧妙なワナで、主力空母などは、すでに真珠湾にはいなかった。そうした背景を、当時の日本の「大本営」は知る由もなかったのだが、真実を知った時にその報道があまりにも空虚に響くのは私だけだろうか。

## 社説は実際の戦局から離れ、虚報となった

戦局の推移にしたがって、社説の内容はさらにエスカレートしていった。ただしその内容は、しだいに戦局の事実を忠実に反映したものとは言えなくなった。たとえば、昭和十八（一九四三）年冬季の社説を見てみよう。「首相必勝の信念を吐露」と題しているが、このころになると、太平洋戦域で、日本の敗走が始まっていた。

「首相が心をゆるめるなと警告を与えつつも、かれの出撃こそ『以て我の最も乗ずべき所である』との雄渾《ゆうこん》にして不敵の自信を示せるは、右の如き絶対徹底捨身の国歩に根拠を置くものと信ぜられ、国民のもっとも意を強うし感銘を新《あらた》にする所といわなければならぬ」

戦争、それも国家の総力戦を戦う日本の悲壮な覚悟が伝わってくる。戦争も戦闘も、勝つことが最も重要で、玉砕が目的ではない。しかし、物量にものを言わせるアメリカ軍の攻撃に対し、食料も弾薬も、さらにそうしたものの補給もままならない日本軍の頼みの綱は、戦意にあった。

戦闘意欲を失うことなく、捨て身の覚悟で戦えば、敵も退くというぐらい、精神論に頼った戦争となってきていた。そして、昭和十八（一九四三）年夏季社説には、ついに神が登場する。「神州不滅」を信じ、そのために命を捧げる覚悟を求めている。

「神州不滅の信念に徹するところ、日本国民にとって、克服し得ざる困難なるものなく、逆境に直面するを恐れず、それを越えて、強く、ますます強くなってゆく。ここに日本国民と米英の根本的な相違があり、またここにこそ輿論指導の要諦が存するのである」

このような精神論は、どのような国でも戦闘員に徹底して刷り込まれるものだ。アメリカもそうだった。「自由」のために、「独裁国家」と戦うという大義が、徹底的にアメリカ兵には刷り込まれる。

アメリカ大統領は、聖書に手を置き、神の意思の地上代行者であることを宣言する。そのアメリカ大統領と、「神を信じる人々による、神を信じる人々のための」政治を実践するのが、アメリカ市民なのだ。それがアメリカ民主主義の大本なのだ。アメリカの戦争は、それこそ「マニュフェスト・デスティニー」が根底にある神霊的な目的を秘めたものである。

そして、先の戦争において、そのアメリカの敵とされたのが日本と日本人だった。

しかし、問題は精神論だけでは、戦争に勝つことなどできないのは自明の理、ということである。

当時の日本は、こうした精神論にあまりにも重きが置かれすぎたと私は思う。兵站についての十分な戦略もなく、参謀本部や軍令部は、兵力の「損失」を、まるで数字の上の計算としか思わなかったかのように、戦力をいたずらに失っていった。戦地の将兵の精神力にあまりにも頼りすぎていたと言えよう。「兵力の損失」にも、神風が吹くと、そう思っていたのだろうか。

太平洋戦線で敗走が続いた日本は、ついにサイパンの戦いで、民間人も含めて五万人以上の犠牲者を出した。アメリカ軍の物量にものを言わせた攻撃は、「大虐殺」さながらだった。平成時代、当時の天皇が慰霊の旅で訪れ祈りを捧げた島である。民間人の中には、崖から身を投げて自死した人もいた。サイパンの戦いについて書かれている当時の社説は次のようなものだった。

「太平洋の怒涛は刻々に厳しさを加えつつある。御民一億、すべてを皇国に捧げて神州護持の聖なる使命に殉ずる時を迎えたのである。……一人残らず決戦の部署に就こう。今にしてこれを為さざれば、為すべき神機は永遠に去るであろう」

これがいわゆる「一億玉砕」である。

しかし、戦争は、玉砕が目的ではない。外交評論家の加瀬英明氏は、「戦争で戦う兵士が、次々と玉砕しては、戦争に勝てない」と述べ、「武士道というは、死ぬことと見つけたり」と死を美化した「武士道精神」を批判した。

この加瀬氏の意見には賛否両論があるだろう。「死を美化したのではなく『虎穴に入らずんば、虎児を得ず』のたとえのように、『死中に活を求める』ことである」と、そう言う人もあろう。「敵も命がけ、そこに命も恐れず戦うところに、勝機のチャンスが生まれる」ということだろうが、次第に日本軍の戦略は、「必死必中」へと転じてゆく。

神風特攻隊に対しては、次のような檄文を掲載している。

「それは、必死必中の、さらにまた必殺の戦闘精神である。征戦はこれをもって勝ち抜く。神州はこれによって護持される……」

社説による戦意高揚のエスカレートだけでなく、戦局の悪化にともなう大本営発表の糊塗情報の垂れ流しもエスカレートしていった。

最初は比較的正確だった大本営発表も、わずかな戦果を大げさに誇張したり、被害を極端に少なく報じたりする傾向が強くなっていった。

たとえば戦局の大転換を招いたミッドウェー海戦などでは、空母四隻を失ったにもかかわらず一隻喪失、一隻大破などと過少発表され、新聞もその通りに報じた。

これが敵のスパイをかく乱するための作戦ならば、まだ良かった。ところが、現実にはそうしたウィンドウ・ドレッシング（粉飾）によって、当の日本軍が混乱し、作戦立案にも、作戦遂行の折にも混乱を生じたから、これは弁明の余地もない。

それは、そうだろう。すでに撃沈したことになっている敵艦が、幽霊のごとくに出現したなら、戦地にいる部隊は、作戦そのものを信じて遂行できなくなる。

大本営の使った表現も、現実直視をいたずらに回避した側面が否めない。

ガダルカナル島での悲惨極まる「撤退」も「転進」と言い換えられ、アッツ島の「全滅」も「玉砕」という美しい言葉で飾られた。いずれも英語に訳しようのない婉曲表現ならぬ「事実隠蔽語」と言わざるを得ない。

そこには、戦時社説を含め、戦時という特殊状況の中で、すべて国家方針、あるいは大本営発表に従わざるをえなくなっていた背景がある。新聞というメディアにも、その限界はあったことであろう。特に、日本は国が一丸となって総力戦を戦っていた。

一方、アメリカ本土では、戦時中でも市民は娯楽を楽しんでいた。総力戦を戦う日本は、国民一丸、新聞も一丸となって大本営を支える姿勢を取ったのであろう。しかし、メディアの使命を思うと、もっと別な可能性を見ることはできなかったのかと、そういう思いもある。実際に戦地での状況はどうなっているのかという、プロパガンダではない真実の報道だ。

歴史上の出来事なので、今となっては全てを知ることは難しい。しかし、メディアの役割を考える上で、実に大きく本質的な問いが突き付けられている。

## なぜ報道姿勢を大転換したのか

前出の室谷氏によれば、朝日新聞が従来の反軍から軍部迎合へと報道姿勢の舵《かじ》を切ったのは、昭和六（一九三一）年の満洲事変直後だったと言う。転向した原因は不買運動だった。九州では、在郷軍人を中心にした大規模な不買運動が起こり、奈良では、神社関係者の不買運動があった。

「大阪社会部長を務め、大阪代表の立場にいた原田譲二氏が『少しは営業のことも考えてくださいよ』と言ったところから始まったようです。毎日がそれに乗じて『朝日は反軍だ』とのビラをまいて泥仕合になりました」

その結果、満洲事変が起こってから一か月後、本社があった大阪朝日での役員会で路線変更を決定したらしい。これは言ってみれば、大衆を啓蒙してきたはずの新聞が、大衆の声に迎合したことになる。

室谷氏は、「反軍」から「親軍」への路線変更と併せて、戦後の「親軍」からの転向に、新聞の「小人《しょうじん》」ぶりを見ると述べている。

「『反軍批判』の不買運動に接するや『親軍路線』に。GHQから発行停止を命じられるや、勇ましかった『戦時社説』路線を捨てて『日本弱体化』路線へ。

これは君子の豹変ではない。小人のだ」

ちなみにこの「革面」とは、『易経』にある言葉で、「君子豹変、小人革面」と対句になっている。君子たる立派な人物は、自分の誤りに気づいたらすぐに改める（君子は豹変する）が、小人は表面だけ改める（小人は革面する）という意味である。

さらに、室谷氏は、「大新聞を呼ぶのに小人で悪ければ『醜塊革面』はいかがだろうか」と言っている。

# 第3章

# 昭和の大新聞の病根を暴く

## 「リットン報告書」報道の功罪

こうした日本の新聞の報道姿勢は、先の大戦の進展に従い、ひときわ目立つものになっていったが、じつはその少し前、すでに顕著な形で姿を現していた。

大戦中の新聞の報道姿勢を問題にするなら、その元ともいうべきこの報道を俎上にあげなければならないと思う。それは、大戦の開戦より十年前、満洲事変に関わるいわゆる「リットン報告書」についての日本の新聞の報じ方である。

リットン報告書については、渡部昇一氏が編者をつとめた『全文リットン報告書』（ビジネス社）の解説が一部英訳されていて読む機会があり、これまでの拙著でも引用させていただいたことがある。同書を参照しながら、その問題点を考察してみたい。

昭和七（一九三二）年九月十八日、現在では日本の関東軍の仕業であることが明らかになっているが、奉天（現・瀋陽）郊外の柳条湖で南満洲鉄道が爆破された。これをきっかけに、日本と中華民国が戦闘状態に入った。これを「満洲事変」という。

中華民国政府は三日後、「戦争」の拡大防止を訴えて国際連盟に提訴した。

最初の国際連盟理事会では、現地への調査団派遣を提案する中華民国側と、直接交渉を望む日本が対立、中華民国の提案は拒否された。日本が理事国だったために、日本側の主張が通ったのかもしれない。

その後、日本が現地派遣を提案したが、全国を調査の対象にするとしたために、今度は中華民国側が拒否した。

結局、イギリスの説得により、調査団の派遣が決定した。調査団のメンバーは、日本の希望で、いわゆる「列強」に限定された。列強とは、英・米・仏・独・伊の五か国である。

それに加えて、日本側からは前トルコ大使の吉田伊三郎、中華民国からは前総理大臣の顧維鈞が任命され、さらに専門委員としてアメリカのブレークスリー教授やヤング博士が同行することになった。

フランスを出発した調査団が、東京に到着したのは昭和七（一九三二）年二月二十九日。その翌日に満洲国が建国を宣言している。これは、満洲全域を占領した日本が、滅亡した清国最後の皇帝・溥儀を執政に据えて建国したものである。（昭和九年、溥儀は皇帝になっている）

現地調査ののち、調査団は再来日したが、暗殺された犬養毅内閣の跡を継いだ斉藤実内閣の外務大臣内田康哉は、満洲国の承認を強硬に主張した。

これらの調査をふまえて、調査団のメンバー全員がサインをして国際連盟に送ったのは、調査を始めて五か月後の九月四日のことだった。

## 国際連盟脱退に賛成した新聞

国際連盟に提出された報告書は、一連の満洲での事件は「日本の侵略」と認定するものだったが、満洲に対する日本の権益は認められていた。

また、報告書は、日本軍に対しては満洲からの撤退を勧告したが、南満洲鉄道沿線については除外されていた。

昭和八（一九三三）年、こうした内容のリットン報告書を審議した国際連盟に対して、日本の代表・松岡洋右は、「満洲国は自主的に独立した国家である」と主張した。

しかし、採決の結果、報告書の採用に反対したのは日本のみで、残りの四十二か国は賛成の票を投じた。つまり、満洲における日本の行動は、侵略であると判定されてしまったのだ。それを受けて、同年三月、日本は国際連盟を脱退した。

やがて日本に続くように秋にはドイツが脱退し、二か国の常任理事国が脱退するという事態となった。第一次世界大戦の反省から生まれた安全保障体制が危うくなっていった。それが、第二次世界大戦へと向かっていくことになったのである。

これは結果論と言えなくもないが、このときの国際連盟脱退は早計に過ぎたと私は思う。というのも、次の項で述べるように、国際連盟は必ずしも日本の立場をまったく認めていない、というものではないからである。

しかし、日本のメディアはこぞって日本政府の判断に賛意を表明した。たとえば、朝日新聞である。次のように報道している。わかりやすいように現代文で記す。

「我々は、このような危機が避けられることを心から切望し、またそうした危機を未然に解消するための努力をしなければならない。しかし、万一、それを避けることができなかったらどうすればいいのか。

わが国民はそれを回避する最善の努力をすべく、政府を鞭撻すると同時に、最悪の場合になっても熟考することを怠らず、これに処する方法を十分に講じておかなければならない」

次は『中外商業新報（現・日本経済新聞）』である。「連盟よさらば、わが代表決然議場を去る」という見出しを掲げて、「聞け『正義の日本』の高きエールを！」「我ら栄光の孤立」などと、連盟脱退を称賛しているのである。

こうして日本は、同盟を結んだ国以外のすべての国際社会を敵に回して、戦争への道を歩むようになっていった。

松岡が帰国したときは、本人も戸惑うほどの大歓迎を受けたという。

# 「リットン報告書」の公平性

渡部昇一氏の「リットン報告書」についての論文の中で、渡部氏は次のように述べている。

「リットン報告書といえば、日本の『満洲侵略』を国際社会がこぞって非難したレポートだという印象を持っている人がきわめて多い。

だが本文を通読すればわかるように、報告書は相当程度『日本の立場』を認めているのである。少なくとも、満洲事変と聞けばただちに『日本の大陸侵略』と決めつけ、満洲国と耳にすれば即座に『傀儡国家』と反応する、朝日新聞その他のマスコミよりずっと正しい歴史認識を示している」

その骨子は、「満洲は特殊な事情のある土地だから、日本が侵略したとか占領したとかといって割り切れる問題ではない。だから、これを満洲事変以前に戻すことは不可能である。だから何らかの形で妥協的な解決をするしかない」というものだった。

この特殊な事情とは、「当時の中国大陸が一つの政府に統一されたものではなく、独立を主張する政府が三つもあり、実際に自立した省や省の一部があったこと」である。

こうした観点は、拙著『英国人ジャーナリストが見た現代日本史の真実』（アイバス出版）でも紹介した。

つまり、辛亥革命により清国が滅亡、中華民国が樹立されたものの、軍閥が台頭したこともあって正統的な政府がなく、いくつもの政府ができてしまい、それが地域の安定と平和の脅威になっていたのが、当時の「満洲」という地の現実であった。

通貨が統一通貨ではなく、各軍閥が勝手に発行していたので、ときには通貨が下落したり、紙くず同然になったりすることもあった。

報告書は日本に同情的でもある。

「一番近い国だから、どこの国よりも苦しんでいる。居留外人の三分の二以上は日本人だし、満洲における朝鮮人は八十万人にのぼる。したがって、いまのままの法律や裁判や課税に従うならば、日本が一番苦しむことになる」


また、満洲に関する日本の「権益」についても、報告書は正確だと渡部氏は言う。

「満洲における日本の権益は、諸外国のそれとは性質も程度もまったくちがう。……満洲の広野で戦われたロシアとの大戦争（日露戦争）の記憶は、すべての日本人の脳裏に深く刻み込まれている。

日本人にとって対露戦争とは、ロシアの侵略の脅威に対する自衛戦争、生死をかけた戦いとして永久に記憶され、……日本人にこの犠牲をけっして無駄にしてはならないという決心をさせた。しかも、満洲における権益の源泉は、日露戦争の十年前に発している」

日露戦争は、満洲を舞台に戦われた。その体験から、満洲が独立して平和が樹立されることが、日本にとって最も利益があったのだ。つまり、日本が満洲国の独立を助けたのは、「傀儡」として操るというよりも、地域の平和の維持のためであったと、そう国際連盟は理解を示していたことになる。

現在の一部のマスコミが、「日帝支配三十六年」とか「植民地化」とかと言いたてていることに比べて、この報告書はなんと正確で公平なことか。

私が国際連盟脱退を惜しむ所以は、そこにあるのである。

# 偏向報道は今日の問題である

日本で報じられてきた偏向記事は、結果として長く日本人の評価に影響力を及ぼすことになる。

たとえば、私が藤井厳喜氏と共著で出版した『連合国戦勝史観の徹底批判！』（自由社）の中で藤井氏は、貴族院議員だった徳川義親の話をしてくれた。

当時侯爵で尾張徳川家の十九代当主だった徳川義親は、馬来軍政監部最高顧問としてシンガポールに赴任した。生物学者でもあった彼は、当時の昭南博物館（現・ラッフルズ博物館）と植物園の総長に就任し、のちにケンブリッジ大学生物学科教授になったコーナー博士らイギリス人捕虜を保護した。

ここに、徳川侯爵を中心とする、敵味方入り混じったおかしな学者グループが誕生したのだった。戦火が世界中に広がる中、彼らは島を守り、自然を研究することに専心した。イギリス人研究者の専門書も出版したという。

コーナー博士は戦後、何故そういうことが可能だったのかとこの不思議な体験を語った。日本とイギリスの学者の中に芽生えた尊敬が友情になっていき、その友情は戦火の下を生き延び、国境を越えて終生続いたと回想している。

ところが、コーナー博士がこの体験を英タイムズ紙に投稿したところ、記事は掲載されなかった。

タイムズ社の編集者が、「日本人がシンガポールで、イギリス人と協力して人類の文化に貢献したなどとはとても信じられない。嘘に決まっている」と決めつけたからだった。

このように戦前、連合国によって繰り返された日本がいかに野蛮な国かという報道は、戦後になっても国際社会における日本人の理解に影響を与えたのである。偏向報道がどれほどの罪であるか、わかろうというものだ。

たとえば、戦前の一九三〇年代（昭和五年〜）において、「戦場で泣く赤ん坊」というタイトルの写真が『ライフ』に掲載された。

『ライフ』は、世界的な写真週刊誌だから、見開き二ページで取り上げられた記事は、たちまち世界に広まった。この写真は真実を写したものではないにもかかわらず、さも史実であったかのように独り歩きしてしまったのである。

にもかかわらず、『ライフ』はなんと、戦後三十年も経た昭和五十（一九七五）年に再びこの記事を取り上げた。

我々は、この「大捏造報道」の前例を忘れてはならない。

## 今もタブーにされていること

また、私が見てきた日本の報道史の中で、「従軍慰安婦」問題は、世界的視野からも日本という国の報道の在り方を問う最大の事件の一つとなった。

さらに、朝日新聞は自ら「誤報」を認め、謝罪した。これでいったん落ち着いたかに見えたが、現実はそう簡単に収まらず、現在まで尾を引いている。

九十年代（平成二年～）から続いているこの問題が、最近また話題となって噴出した。「表現の不自由展・その後」である。この展覧会は、令和元年（二〇一九年）八月一日から十月十四日まで開催された国際芸術祭「あいちトリエンナーレ2019」の一コーナーとして開かれた。

イベントの案内文によれば、この展示の原型は、平成二十七（二〇一五）年に東京・練馬のギャラリー古藤で開かれた「表現の不自由展」である。日本における「言論と表現の自由」が、組織的検閲や忖度によって脅かされているのではないかという視点から、実際に展示拒否された経歴を持つ作品を集めた。

「従軍慰安婦」問題、天皇と戦争、植民地支配、憲法九条、政権批判などが、公共の文化施設で、いかにして「タブー」とされてきたのか、その理由とともに展示された。

「表現の不自由展」を見たジャーナリストの津田大介氏が感銘を受け、あいちトリエンナーレで再現したいと考え、「表現の不自由展・その後」と銘打つことにした。

開催の結果として、作品の中のいくつかに批判が集まった。

昭和天皇を題材にしたものなどのほか、とくに韓国で作られた「平和の少女像」、いわゆる「慰安婦像」が問題になった。

この像は、韓国の日本大使館や総領事館の前など韓国各地だけでなく、アメリカやカナダなど世界各国にも設置が広がり、日本政府もその撤去を韓国政府に要請するなどいわくつきのシロモノであった。この展示に対して、「これは芸術か否か？」という猛烈な賛否両論が沸き起こったのだ。

電話やメール、ファクシミリでの脅迫まがいの抗議も殺到した。折から令和元年（二〇一九年）七月十八日、あの悲惨な京都アニメーションの放火殺人事件が起きた直後であったこともあって、展示は三日で中止された。

十二月十日には、開幕当初、展示に抗議した河村たかし名古屋市長も、日本外国特派員協会での記者会見に臨み、大略、次のように語っている。

「あくまで税金が支出される公の展覧会で、共催者の名古屋市が展示を応援するという立場から問題なのは、展示内容が開幕前に市に隠されていたということ。ウソの申し込みにも表現の自由があるのか」

そして展示の内容については、河村氏は慰安婦像よりも昭和天皇の肖像写真がバーナーで燃やされる動画を問題にした。事前に出された展示予定作品一覧にはそのような作品の説明はなく、別の作品が載っていたという。

慰安婦像については、「慰安婦の少女像のみに関心が集中して、あたかもそれで名古屋市が展示会にノーを突き付けたように報道された。「従軍慰安婦」については、後述するように私は、あれは真実ではないと思っている。けれどそうではないという意見もあるだろうから、それはそれ」と述べている。

## 海外に移った主戦場

アメリカで「慰安婦像」が、初めて設置されたのは、平成二十二（二〇一〇）年十月のことだった。設置されたのは、ニューヨークのマンハッタンと、ハドソン川を挟んだ対岸にあるニュージャージー州パリセーズパーク市。当時は野党だった自民党の古屋圭司衆議院議員などが平成二十四（二〇一二）年五月に現地を訪問して、撤去要請をした。パリセードパークは、人口二万人。その五十二パーセントが韓国系という土地柄だ。

英語で書かれた碑文は、次のようなものだ。

「一九三〇年代から一九四五年までの間、日本帝国政府の軍に拉致された『慰安婦』

として知られる二十万人以上の女性や少女に捧げる。彼女たちは誰もが認識すべき人権侵害に耐えた。人道に対する罪を決して忘れることはない」

平成二十五（二〇一三）年には、西海岸のロサンゼルス近郊にあるカリフォルニア州グレンデール市に慰安婦像が建立された。この動きに対し東京の杉並区議会議員（当時）の松浦芳子氏ら地方議員の一団が、訪米した。産経新聞の報道を引用しよう。

米の慰安婦像「将来に禍根」地方議員団、改めて撤去要求

米カリフォルニア州グレンデール市に設置された「慰安婦」像に抗議する地方議員団のメンバーが25日、東京都内の日本外国特派員協会で記者会見し、「事実ではない『性奴隷』という言葉を碑に刻み慰安婦像として残すことは将来に禍根を残すことになる」と像の撤去を改めて訴えた。記者からは、慰安婦問題への理解不足とみられる質問も相次いだ。

記者会見したのは、地方議員団の代表世話人を務める東京都の松浦芳子杉並区議ら。1月に訪米し、像の撤去などを求める抗議文をグレンデール市に出した。

松浦氏は、平成5年の河野洋平官房長官談話が「慰安婦募集の強制性」の裏付けがないまま発表されたことを説明した上で像設置について「新たな日本に対する民族差別を生むのではないか」と強い危惧を示した。

これに対し、海外メディアの記者からは「他の国にも慰安婦がいたのに、韓国で問題になっているのはなぜか」(国米国の通信社)との質問が出た一方、「大分の炭鉱にいた韓国人労働者は強制労働させられていたのか」「日本軍の慰安所以外でも強姦《ごうかん》がたくさん起こっていたではないか」といった慰安婦問題と直接関係ない誤解や偏見に基づく質問も目立った。

(平成二十六(二〇一四)年二月二十六日 産経新聞より)

その後も「慰安婦像」は、海外に次々と建立され、いわゆる「慰安婦=性奴隷」の虚構は、海外にその主戦場を展開しているのが今日の状況だ。

グレンデール市の慰安婦像の傍らにある二つの碑には、次の様なメッセージが書かれている。一つは、少女像についての説明である。

「私は日本軍の性奴隷でした。乱れた髪型は、少女が大日本帝国陸軍によって、住んでいた家からさらわれたことを象徴しています。肩にとまった鳥は、わたしたちと犠牲者の絆を象徴しています」

もう一つは、歴史について書かれている。

「一九三二年から一九四五年にかけて、二十万以上のアジア人とオランダ人の女性たちが、家からさらわれ、大日本帝国軍によって強制的に性奴隷にされた。日本政府に歴史的な責任の受け入れを求める」

これが史実であるなら、そうした碑を建立されても仕方がない。しかし、慰安婦の実像は、そうしたイメージとは異なるものだ。

## あの戦争は「情報戦」の敗北だった

正しい情報を受信・送信し、さらにその情報の解釈を正しくすることは、個人にとっても国家にとっても、その後の展開を決定的にする。大新聞やメディアは、国際社会において国の命運を左右するほどの大きな責任を負っているのである。

ある時報じた情報が、その後長年にわたり、日本の国の世界からのイメージを決定づける。

にもかかわらず、いまの日本の報道は、国を代表するような大新聞が、ＧＨＱの占領政策の大きな影響から脱却できていない。まるで、ＧＨＱのＷＧＩＰ（日本人に戦争責任の罪悪感を刷りこむ宣伝計画）の情報が、「大本営発表」にとって代わったかのようである。

それでは、比喩的な意味でなく、戦時の本物の大本営発表はどうであったのか。

大東亜戦争における情報管理は、もっぱら日本の軍事中枢である大本営が握り、その硬直化した隠蔽体質が、情報戦に弱い日本をつくったとも言える。「知らしむべからず、由らしむべし」というのが当時の方針だった。もちろん情報戦は言わば常に戦時中で、情報管理は重要だ。ディス・インフォメーション（ニセ情報発信）も作戦の内だ。「ウソも方便」ではあるが、日本軍には情報管理が正しくできていなかった。

戦争には二種類ある。一つがいわゆる兵器・兵員などの軍事力による戦争、もう一つがそうした軍事力によらない情報での戦いである。

日本はもっぱら対米戦争においては、アメリカとの物量差など軍事力の差で負けたと思われてきたが、じつはそれ以上に「情報戦」で追い込まれたとも言えるのだ。

今までの私の著書でも明らかにしてきたように、先の大戦は、もともとアメリカが、日本に仕掛けてきたもので、追い詰められて日本が「反撃」に出たようなものだった。欧米でも「日本は追い詰められたネズミだった」(“Japan was a cornered rat.”窮鼠ねこを嚙む)という認識を持つ学者も多い。

一方、日本の外交当局は、開戦前の時期に、アメリカも自分たちと同じように、真摯に和平実現のための外交努力をしていると思い込んでいた。

ところがアメリカはすでに着々と開戦準備をし、日本に一発目を撃たせる策略を巡らしていたのだ。

このことは現在多くの歴史家が明らかにしているが、私は独自の証言を得ている。

日本軍の真珠湾攻撃が行われる一年近く前、昭和十六(一九四一)年の初頭から、インドのイギリス軍部隊に所属していた私の年上の従兄弟が、ビルマで奇妙な風景を見ている。今まで見たことのない多数のアメリカ軍戦闘機と爆撃機が、飛行場に並んでいた。

従兄弟はわが目を疑いながら、今までアメリカの軍用機がこんなに多くビルマに駐留することはなかったので、アメリカが日本に戦争を仕掛ける準備をしていると直感した。と同時に、敵国だけでなく戦争に反対するアメリカ国民を欺く、当時のルーズベルト大統領に義憤を感じたという。

案の定、アメリカは真珠湾攻撃を「寝耳に水の奇襲」として、対日戦への大義名分と国民の賛同を得た。お人好しで情報戦に弱い日本は、まんまとこのしたたかなアメリカの謀報・情報作戦に嵌《は》まってしまったのだ。

開戦のあり方のみならず、戦いの推移も終戦のあり方も、日本はアメリカの仕掛けにまんまと嵌められた。物量的な軍事力の差に加えて、暗号解読から無線の傍受など基本的な情報技術を超える謀略・策略など、アメリカの巧妙な仕掛けによる「情報戦」で日本は負けていた。

もちろんアメリカも、予想をはるかに超える日本の強さに手を焼いていた。このままでは、日本を完全に屈服させるには昭和二十二（一九四七）年までかかるだろうとも言われた。本土決戦ともなれば、アメリカにも百万人以上の戦死者が出ると予測された。

そこでアメリカのとった策略は、「ポツダム宣言」による二枚舌だった。

つまり、まずアメリカは徹底した日本研究に裏打ちされた「天皇制の維持」という「条件付き」降伏をちらつかせた。そして、「日本軍」に対しては武装解除が必須の「無条件降伏」だが、「日本政府」に対しては、「我らの条件は以下の通り」という明示があるように、条件付きの降伏だった。

そうした戦略を立てながら、一方では「日ソ中立条約」で縛られていたソ連に根回しをし、ポツダム宣言に参加させて「中立条約」を破棄させた。そして広島に原爆が落とされた三日後の八月九日、ソ連は満洲に攻め入り、さらに同日は長崎への原爆投下があって、日本は完全に追い込まれた。

やむなく日本はポツダム宣言を受諾し、終戦となったのだが、ここでもアメリカの仕掛けに日本が嵌まる。つまり、ポツダム宣言は日本政府に対しては条件付き降伏だったはずなのに、日本軍の武装解除を済ませたとたん、アメリカは「日本が無条件降伏をした」ことにしてしまったのだ。武器を置いた丸腰の日本は怖くなかった。

これに対して「話が違う」と抗議しようとしても、すでに天皇制は維持ということで天皇をいわば人質に取られている。事を構えるなら、天皇陛下を東京裁判の被告人にして生命も保証しないと脅されれば、従うしかなかった。

## 「情報戦」には平時と有事の区別がない

先の戦争において、アメリカに情報戦で負けた日本は、その後、その教訓を国の大事や報道の在り方に生かしているだろうか。

残念ながらまったくその兆候が見えないばかりか、新しい時代の情報環境の変化に対して危機感がなさすぎる。

新しい時代の情報戦とは、端的に言って「サイバー戦」である。サイバー戦は、戦いは戦いでも、従来の戦いとは、空間的・時間的にまったく違う本質を持っている。

まず空間的には、物理的に戦闘範囲が限定される従来の兵器による戦いと違い、ネット空間でつながる世界中が一瞬のうちに、均等に、戦いの場になりうる。

次に時間的には、どんな超高速の戦闘機やミサイルも敵わない電子信号による瞬時の攻撃が、広範囲に向けて「ボタン一つ」で可能である。

この二つの違いによって、従来の戦争にはなかった脅威が生まれる。それは、サイバー戦が本格化したら、一瞬にしてすべてが終わる。負けるとしたら局所的・部分的にではなく、すべてがおしまいになってしまうということである。

いくら高性能で高度に整備された軍があっても、ほとんどの兵器は電子機器で制御されていて、それがネット接続で機能を果たしている。それがサイバー攻撃では一瞬にして無力化されるのだ。

しかも戦いは、軍の空間的配備や時間的スケジュールを超越して、二十四時間、三六五日、いつどこで起こってもおかしくない。つまりサイバー戦には平時と有事の区別がなく、常に有事なのである。

最悪の場合、まったく予知できず突然、一瞬にして日本全土のインフラが麻痺状態に陥る。各家庭の生活必需装置、企業・役所の業務用装置も決定的な被害を受け、ある意味では、原発事故や殺人ウイルスによるパンデミックの被害より大きなダメージになるだろう。

こうした「サイバー・テロ」に対処する技術的対策は研究されつつあるが、これもイタチごっこで、すぐ新しい攻撃手段が開発される。では、そもそもそんな攻撃を仕掛けられないよう、抑止効果としての核の保有を考えたほうがいいのだろうか。

「情報戦」の脅威はそこまで高まっているのに、日本の「情報戦」対策はどうなっているのだろうか。今まで私は愛する日本のために、ジャーナリストとしての自分しか知りえなかったいくつもの事実を披瀝してきた。それは日本で報道されていることが、事実とは違う、見過ごすことはできないというケースが多いからだった。

大部分の日本メディアは、手痛い敗戦で懲りたはずの「大本営発表」と変わらないお仕着せの情報を、そのまま鵜呑みにした報道を繰り返している。

それが学校教育の教科書にまで侵入して戦後の日本を蝕み、さらにこの新たな情報危機の時代に後れを取ろうとしている。

## 新聞は、時にその役割を逸脱する

こうした日本のメディアの「情報戦」に対する弱体化は、情報収集や情報発信の技術的能力以前の、もっと根本的な問題であると私は思っている。

つまりそれは、繰り返すようだが、メディア本来の役割を常に反芻しているかどうかということである。

民主主義の社会では、最終的にものごとの理非、選択などを判断する権利を持つのは、言うまでもなく国民、一般大衆である。

したがってメディアの役割は、ありのままの客観的な情報をそのまま伝えることであり、大衆に判断材料を与えることだ。しかし、この原則はしばしば破られる。そこにメディアの弱体化の一つの断面がある。たとえば人と話をしていて、相手が購読している新聞がすぐわかってしまうことがしばしばあるのは、メディアが自らの報道に私見、つまり主観的な情報を交えているからであろう。

たとえば、平成二十九（二〇一七）年のことだった。この年、東京都議会議員選挙が行われたが、安倍首相が応援演説に立ったとき、目立ったのは「安倍やめろ」の声と横断幕だった。なぜ目立ったのか。それはテレビ局のカメラとクルーが、その横断幕の横に位置していたからである。いやでも、横断幕はテレビ画面に映ってしまった。テレビ局は、彼らが横断幕を広げる前からそこに陣取っていて、広げる様子を撮影しているのである。これが偶然とは思えない。そして、もう一つ安倍首相の演説を邪魔したものがある。それは、森友学園の籠池元理事長夫妻の登場だった。

そのとき、安倍首相が彼らのことを「こんな人たち」と呼んだことで、新聞記者たちが有権者軽視であると批判するというおまけもついてしまった。私は呆れてものが言えなかった。

私の感覚で言えば、彼らこそ、公職選挙法にある「選挙の自由妨害罪」に当たると思える。彼らは、立候補者の発言を妨害し、有権者の知る権利を奪ったからである。メディアのこうした一連の行動を見ていると、彼らは、自分たちこそ正義の塊であるかのように振る舞っているように思える。じつは、報道の公平性や中立性を重んじる気持ちがないことがよくわかる。

## 大衆扇動の道具へ

　これまで述べてきたように、日本の大部分のメディアは、事実を事実として報道するのではなく、はじめからどういう方向性で報道するかが決まっていると言っても言い過ぎではない。

　このことについては、戦後のＧＨＱの方針がいまだに尾を引いている部分が多分にあるが、じつは戦前のマスコミもそうだった。

　繰り返すが、戦時中、毎日報道されたのは、相次ぐ前線での勝利だった。

　新聞紙法という法律があって、検閲の対象になっていたために、記事によっては、掲載を差し止められたり、写真を掲載することができなかったりしたことは確かだが、それにしてもマスコミはなんら抵抗を示さなかったのである。

そして戦後、日本のマスコミは、前述したように、GHQの洗脳政策により骨抜きになった。確かに、官製報道だけに満足できない記者たちは、日本外国特派員協会を作ったが、GHQの報道管制により、極秘のプレス・コードに引っかかる事実は発信されなかったのである。

日本のマスコミは、今日も、無意識にGHQによる「WGIP」にもとづく「プレス・コード」の呪縛から逃れられないでいる。

この極秘の「プレス・コード」には、新聞などのメディアが日本国民に伝えてはならない項目が列挙されている。たとえば、先の戦争の正式名称である「大東亜戦争」である。これは日本政府が、閣議決定をした正式な戦争名であったが、「大東亜共栄圏の確立」という大義名分で戦ったことを想起させるという理由で、GHQは、「太平洋戦争」という名称を強要したのである。

その他、秘密の「プレス・コード」には、本書の四十三ページに記載したように、東京裁判やGHQが憲法を起草したことを批判することや、連合国各国を批判することなどを禁止する項目が、三十項目も列記されている。唯一批判することが許されたのは、日本政府への批判だった。

私は新聞などのマスコミが政府に対して批判的であることは問題とは思わない。国家権力を監視し、厳しくチェックするのもメディアの大きな役割のひとつだからだ。ただ、批判のための批判に終始し、「権力チェック」という本来の目的を果たせないことは大いに問題だと考えている。

## 厳しい現実をなぜか報道しないマスコミ

さらに悪いことに、メディアは、自分たちが大衆を扇動するために利用されていることに気づいていない。自分たちは、情報のエリートとして正しい報道をし、愚かな大衆を導いているとさえ思っている。したがって、世論を誘導することに罪の意識はなく、社会を害する行為だという自覚もないのである。

典型的な例として「日本国憲法」を挙げてみよう。戦争の惨禍に打ちひしがれていた日本国民の中には、「戦争を永久に放棄」という言葉に酔い、拍手喝さいをして受け入れた者がいたとしても無理はない。むしろ9条に反対したのが共産党だった。

だが、その酔いから覚めるどころか、多くの日本人は「戦後の平和は憲法があったから」と倒錯するようになった。しかし、マスコミは報道しないが、じつは、日本が侵略されなかったのは、アメリカ軍が駐留していたからであり、それを支える経済力があったからである。

もしそれがなかったら、おそらくソ連（ロシア）か中国に侵略されていたであろう。現に、平和憲法が施行されて七十四年経とうとしている今でも、ロシアは北方領土を不当に奪ったままである。中国は尖閣諸島を自領であると主張し、韓国は竹島を占拠し、北朝鮮は多くの日本人を拉致した。

それでも「平和」が続いていると、そう思うのだったら、能天気にも程がある。

# 第4章

# 日本の大新聞はなぜ、「大誤報」に沈黙するのか

# 戦時プロパガンダの真実

私が「南京事件」に関心を抱き、研究を始めたきっかけは、『「南京事件」の探求』(文春新書)を書いた歴史学者で立命館大学名誉教授(当時教授)北村稔氏の英語講演を、日本外国特派員協会で聞いたことにある。それ以前は、「南京大虐殺」を信じていたのだ。

研究途上で私がまず注目したのは、ハロルド・J・ティンパーリというオーストラリア出身のジャーナリストだ。彼は昭和十三(一九三八)年、『What War Means: The Japanese Terror in China』という本で、南京で三十万人もの住民が虐殺されたとした。

これは、ティンパーリが現地に在住していたことから、「ジャーナリストが目の当たりにした衝撃から書いた客観的なルポ」と受け止められ、世界に衝撃を与えた。これを受けて、外国人記者がこぞって、「南京での日本軍の残虐行為」を報じたために、たちまち「南京大虐殺」が事実として、さらに拡大され世界に広まった。

いまでは、国民党中央宣伝部が深く関与して作り上げた戦時プロパガンダであったことが明らかになってきたが、それでも、世界だけではなく日本のメディア関係者、大学教授、外務省の幹部職員まで、多くの人々が「南京大虐殺」が真実だと、信じている。

ティンパーリの本は、昭和十一(一九三六)年に発足した左翼知識人団体で背後にイギリス共産党やコミンテルンがいたという「左翼書籍倶楽部」から出版されている。自分の所属する団体に寄り添った言論活動を行ったとしても不思議ではない。

さらに言えば、ティンパーリは、中国社会科学院の『近代来華外国人名辞典』に、「盧溝橋事件後に国民党政府により欧米に派遣され宣伝活動に従事、次いで国民党中央宣伝部顧問に就任した」人物と記載されている。

かつてこのティンパーリの説を信じていた私に別の説を教え、開眼させてくれた北村教授は、中国共産党国際宣伝処長の曾虚白《そうきょはく》がティンパーリについて次のように言及していると教えてくれた。

「ティンパーリは、我々が上海で抗日国際宣伝を展開しているときに上海の『抗戦委員会』に参加していた」

「彼が上海に到着すると、我々は直に連絡を取った。……国際宣伝において、我々は顔を出すべきではなく、我々を理解する国際的な有名人を探し、我々の抗戦の真相と政策を捜して我々の代弁者になってもらわねばならないと決定した。

ティンパーリは理想的人選だった。我々は手始めに、金を使ってティンパーリに、そしてティンパーリ経由でスマイスに依頼して、日本軍の南京大虐殺の目撃記録として、二冊の本を書いてもらった」

ティンパーリによる英文資料は、中国の情報機関によって計画されたものだったのである。

北村教授は、これらの計画にティンパーリを始めとするさまざまな西洋人が参加していたことを問題視している。当事者である中国のジャーナリストではなく、西洋のジャーナリストが情報発信することが世界中を信じさせるのに十分な条件となったからである。それは、中国の情報機関も驚くほど効果的な手法だった。


私が考えるに「南京大虐殺」は、蔣介石率いる中華民国・国民政府が作り上げた壮大な虚構だった。

戦後、内戦の末に、国民政府は台湾に逃れ、中華民国を発足させた。結果、勝利した共産党が中国本土に中華人民共和国を設立した。共産党政権は、国民政府同様に、相も変わらず巧みな情報戦を繰り広げている。

## 事実を把握することは難しい

もちろん、実際に戦場で何が起こっているのかを把握することは、簡単ではない。事実を把握して正確な情報を伝えるのは難しいのだ。その意味では、南京事件も同じで、実際にどのようなことが起こったのかを正確に知ることはできない。

私にとって、韓国で起こった「光州事件」がまさにそうだった。

「光州事件」とは、昭和五十五（一九八〇）年五月に起こったデモ事件である。全斗煥らのクーデターと金大中らの逮捕をきっかけに、クーデターに抗議する学生デモが起き、その後、戒厳軍の暴行に怒った市民も参加し、参加者は二十万人になった。武器庫が襲われ、銃撃戦もあった。

当時『ニューヨーク・タイムズ』紙の東京支局長だった私は、取材のために光州へ行ったが、何が起こっているのか、すべてを把握するのは困難だった。死体がころがり、銃撃の音も聞こえるが、誰が撃っているのか、なぜ銃撃戦が始まってしまったのか、それがわからなかった。

結局、不十分な報道になってしまったし、内容は他の記者とは違うものになっていた。同じ場所にいて、同じものを見ているのに、それぞれの視点は違っていたのである。

南京事件でも、現地を取材した記者たちがその全貌を知ることは難しかっただろう。おそらく、次に述べるベイツらのような人物を頼ることになったのであろうことは想像に難くない。我々もまた、記事を書く際に、そうした人物にコンタクトを取っていたのである。

「南京大虐殺」を報告した記者は多いが、その情報源は数少ない。その一人が宣教師マイナー・ベイツだ。彼は、東京裁判の法廷でも、大虐殺があったと証言している。彼が宣教師だったことから、多くのジャーナリストは彼の言葉を信じ、そのまま発信したのだろう。

しかし、次のような事実が東京裁判で明らかになった。

なんと、大虐殺を訴えたベイツの証言は、一件を除きすべてが伝聞だったのである。自分が見た虐殺の一件とは、憲兵が中国人を誰何《すいか》したことだ。つまり職務質問のようなことをしたのだ。

すると、その中国人は逃げ出した。「止まれ」との憲兵の制止を無視して逃げる中国人を、憲兵が撃った。自分が実際に目撃した「大虐殺」とは、その一例のみであった。それ以外は、「噂」か「伝聞」だったのである。

## やはり「虚報」だった

ここまでのところで読者の中には、「本当に謀略だったのだろうか」という疑問を持たれる方もいると思う。ここでは、私が知りえた論拠となる情報をいくつか示しておきたい。

・昭和十三（一九三八）年、東京のアメリカ大使館付武官のキャーボット・コーヴィルが、南京へ調査のために赴き、報告書を提出した。しかし、その報告書には、「掠奪」「強姦」などの文字はあったが、殺人とか虐殺の言葉はなかった。

・アメリカの新聞が「日本軍による虐殺」を想起させる記事を書いたとき、中央宣伝部はそれを宣伝材料にしなかった。

・また、南京陥落後創刊された『戦時中国』にも・殺人・虐殺の文字はなく、「金と略奪品を求めて隈なく町を歩き回る日本兵の狩猟場となった」と報告されているだけである。現実に南京で起こっていないことが、漢語の本に書かれていれば問題になる。そこで英語版ではウソを書けても、漢語の本では事実でない部分を削除したのだろう。

・『シカゴ・デイリー・ニューズ』に「河岸近くの城壁を背にして、三百人の中国人を整然と処刑している」という記事が掲載されたが、国民政府とその中央宣伝部の日本への非難の声は聞かれていない。

・南京では、「便衣兵」が問題となった。ハーグ陸戦法規では、戦争は戦闘員によって行われ、民間人を巻き込んではいけないと定めている。このため戦闘員は、戦闘服に、国旗など所属を明示し、武器を見えるように携行し、指揮命令系統の下で任務に従事しなければならない。これに違反する者や不良捕虜（捕虜になったにもかかわらず、依然として戦闘意思があり降伏しない）などは、処刑しなければならない。そうした者が民間人と区別がつかなくなり、戦闘が民間人を巻き込むことを避けるためである。ところが南京では、軍人なのに民間人を装う「便衣兵」が最大の問題であった。日本軍が国際法に則り、そうした「便衣兵」の処刑を行ったが、当時の国民政府は、そうした日本兵の処刑は正当なものと判断して問題にしなかった。

・中央宣伝部がティンパーリに依頼して書かせた英文版『戦争とは何か』に書かれている次の記述が漢訳版では削除されている。

「埋葬隊はその地点には三千の遺体があったと報告しているが、それは大量死刑執行の後、そのまま並べられたままか積み重ねられたまま放置された」

「埋葬による証拠の示すところでは、四万人近くの非武装の人間が南京城内または城門の付近で殺され、そのうちの約三十パーセントは、かつて兵隊になったことのない人である」

・蔣介石と毛沢東の両幹部は多くの演説をしているが、日本軍が南京で虐殺を行ったと言ったことはない。もし事実なら、絶好の演説ネタになったはずである。

・事件時、南京の人口は二十万人だった。陥落してから増え始めたが、それでも増えたのは五万人、どうしたら三十万人も殺すことができるのだろう。

南京は、中華民国の首都だった。その様子は、世界中のメディアが注視していた。それだけに、南京陥落戦を指揮した松井石根《いわね》大将は、軍紀を末端の兵士にまで徹底させた。恐らく、これ程まで整然と国際法に従って行われた占領は世界史に類例を見ないものである。

新聞等メディアは、今までの偏った報道、あるいは沈黙を、見直さなければならない。

## 日本を貶めるのは、「日本の新聞」だけではない

すでに述べたように、南京事件報道の中心的役割を果たしたのは、ティンパーリら外国人ジャーナリストだった。しかし、彼らを利用した国民政府は、じつは南京事件以前から「情報操作活動」を始めていた。

前述したように「南京安全区・国際委員会」が南京在住の欧米人によって設立されたのである。その目的は、南京攻防戦に備えて、安全区を設け、非戦闘員のための安全地帯を作ることだった。

同時に、国民党中央宣伝部は、お茶会を催し、終了後の夜、「南京安全区・国際委員会」の代表ジョン・ラーベらに、中国人指導者への面会を提案した。場所は、中国

人と外国人が交流するために、国民政府が運営していた国際連歓社だった。

これを手始めに、次々と、優遇策を講じて、彼らは外国人を味方にしていった。国民党政府は、その意向にそった記事を書いてもらうために、最新の注意を払っていたことが、彼らが作成した「宣伝工作概要」から読み取れる。


私はこれを知って、中国史四千年の歴史を見た思いがしてならない。中国は、新たに発足した王朝が、それまでの歴史を抹殺することを繰り返すという、侵略と策略の歴史を持つ国だからである。

とはいえ、国民政府の企ては、一定の効果は挙げたが、その広がりは限定的だった。面白いのは、この国際連歓社で、中華民国政府は外国メディアや外交官を集めて記者会見を定期的に行った。

南京陥落から十一カ月の間に三百回。ほとんど毎日行われたようなものだ。

しかし、その三百回の記者会見で、南京で「虐殺」があったという報告はただの一度もされていない。

「南京大虐殺」が世界的に広まったのは、東京裁判でことさらとり上げられてからのことだったのである。

## 国際社会で情報戦に負けないために

現在の中国共産党主席習近平が、その座に座ったのは平成二十五（二〇一三）年のことだった。

彼が打ち出したのも、「反日」だった。日本の動向に神経をとがらせ、同年十二月、安倍首相が靖国に参拝したときは、外交部長（外務大臣）が駐中国大使を呼びつけて抗議した。

習近平は、ことあるごとに日本を逆なですることをやめない。たとえば、平成二十六（二〇一四）年には、伊藤博文を殺害した朝鮮人安重根の記念館をハルビン駅に建設した。さらに、十二月十三日を、「南京大虐殺」の国家哀悼日にする決定を下したのである。

国際的なアピールも余念がなく、同年三月にドイツを訪れたときは、次のような演説をした。

「私は、一人のドイツの友人を思い起こさずにはいられない。ラーベである。彼は、日本軍国主義が南京に侵入し、三十万人以上の軍人や民衆を虐殺する殺人事件を起こしたとき、南京安全区を設立、二十数万人の中国人に提供した。ラーベの日記には、その詳細が記録されている。それが、重要な証拠になっている」

そもそも国際委員会が設立されたのは、昭和十二（一九三七）年十一月十七日。日本軍が侵攻する一カ月前のことだ。日本軍の攻撃で「三十万人が殺された」ので、二十万人の生き残った人を助けるために設立されたのではない。これは全くのウソである。この説明では、当時の南京には、殺された三十万人、保護された二十数万人、合わせて五十数万人がいたことになるではないか。こういうウソにはしっかりと反論しなければいけない。

アメリカとの貿易摩擦や最近の新型コロナウイルスの影響などもあって、中国の反日活動は和らいでいる。しかし、いつまた、その嵐が吹いてくるのか、その恐ろしさを秘めているのが中国なのである。

中国も韓国も離れることができない隣国だが規模はまったく違う。中国は十四億の人口をかかえ、日本を抜いて世界二位の経済大国になった。中国に、日本はどう対処すればいいのか。

まずは世界に真実を伝える必要がある。日本が理解されないのは、伝える力が弱いからだ。中国は、日本が反論しないことに乗じて、多々の情報戦を仕掛けてきた。それ以上の情報発信力が必要である。

安倍政権になって、そのための国際広報費用が増額されたが、省庁ホームページに掲載したり、国際会議で主張したりするだけでは不十分だ。真実を訴えるために、海外のメディアやオピニオンリーダーを味方にして、日本の立場を代弁してもらうことが肝要だ。

そして、一日でも早く、日本人を呪縛している「自虐史観」から抜け出してほしいと私は思っている。

第5章

# 一部の民意を総意にする偏向報道

# 香港・台湾問題をどう考えるか

本書のテーマからして、もう一つ避けて通れない重要なものが、沖縄についての報道である。言うまでもなく沖縄は日本にとって、独特な文化を持つ一地方にとどまらない地政学的に特異な位置にあり、安全保障上も重要な役割を占めている。

とくに中国やアメリカとの関係において、歴史的にも常に国益を守る最前線として重要な存在であり続けている。それだけに沖縄に関する報道は常に微妙な問題をはらみ、とくに先の大戦以来、物議を醸すことが少なくない。

沖縄の報道の特色は常に中国に傾き、反米の影が色濃く映っている。

最近の中国といえば、香港で起きた大規模なデモが記憶に新しい。沖縄と香港は、本州と比べて、地理的に非常に近い。だからこそ、現在、香港で起こっていることは他人事ではない。また、沖縄を通じて日本のこれからを考察する上でも重要である。

中国の南に位置している香港は、東京都の半分くらいの広さがあり、人口は七百五十万人。金融や貿易の拠点になっている。多くの日本企業も進出しており、香港に住む日本人も多い。

一八四〇年から二年間続いたアヘン戦争で、イギリスに割譲されてのち、平成九（一九九七）年中国に返還されることになったが、そのときの条件が「一国二制度」だった。

その期間は五十年間と定められたが、中国は早い時期から、国家安全条例や愛国教育必修化を迫り、香港を一体化する動きを見せた。そしてそのたびに、香港住民の間で抗議活動がなされている。

平成三十一（二〇一九）年、中国政府からの要求で、逃亡犯条例改正案が提出され可決されそうになったとき、自由と民主主義への危機感を持った香港の住民が反対運動を起こした。

四年前に、香港の書店主が相次いで失踪、中国当局に拘束されたことが判明したが、これも危機感をさらに強めることになったのだろう。

香港におけるこの運動は、台湾にも影響を与えた。中国に同化されることを恐れた、台湾の人々は、中国に対抗する姿勢を見せた蔡英文氏を総統に再び選んだのである。

この台湾の選択は、日本にとって歓迎すべきことなのか、そうではないのか。

かつて日本は、田中角榮首相の時代に、日中共同声明に調印した。そのとき、中国が「一つの中国」を主張したために、日本は台湾との国交を断絶した。このことが尾を引いている。

中国が台湾問題で日本に強気になれるとしたら、その理由は日中共同声明と、日本が台湾と国交断絶をした歴史的事実である。

沖縄報道を考える上でも、こうした周辺諸国や世界の情勢を抜きには考えられない。沖縄どころか日本全土の行く末が危うくなっているのだ。はたして、戦後からこれまでのやり方を踏襲するだけで日本は勝ち残れるのか、そういった問題意識をメディアが持たなければ、責任ある報道をすることは期待できない。

## 報道姿勢がブレる辺野古移設

民主党政権が発足した平成二十一（二〇〇九）年、当時の鳩山由紀夫首相の「移転先は国外、少なくとも県外」の言葉で、普天間基地を辺野古に移転させる計画は振り出しに戻った。

それまで長い年月をかけて、歴代の政府が努力を重ね、ようやく妥結を見た計画だったが、その後、県内移設反対論が激化し、今に至っている。

基地問題は、日米関係にも大きな影響を与える。だから、マスコミは、政府と沖縄県との交渉ぶりをたびたび報道するのだ。反対派の集会の様子、住民たちへのインタビューなど、その報道を見る限り、沖縄県全体がこの基地移設に反対しているような印象を受ける。
しかし、本当にそうなのだろうか。そうだとすれば、いくら知事の権限とはいえ、当時の仲井眞知事が辺野古移設を承認できるはずはない。そんな疑問を持った矢先、私の疑問に答えてくれる声に出会った。
たとえば、平成二十七（二〇一五）年、産経新聞の編集委員を務める宮本雅史氏が、沖縄に赴任した当時のことを、「沖縄二紙の偏向報道と世論操作を憂う」と題して語っている。その概要は次のようなものだ。

移設予定地の辺野古を訪れた宮本氏は、海岸にテントを張っている人々の話を聞いた。集まっていた人々は全員移設には反対だと言う。

ところが、そこから一歩離れた地域の住民たちは、移設を容認すると言ったのである。そして、新聞社もテレビ局も、反対派が集まっているテント村だけを取材し、自分たちの意見は聞きに来ないとも言いだした。

ある住民は、「移設されて、海兵隊とつき合う私たちが、受け入れると言っているのだから問題はないはず。それに、普天間の危険性が除去されるではないか」とまで言ったそうである。

宮本氏は、こんなことも記している。

「辺野古地区はこれといった産業がなく、過疎化が進む一方だという。普天間飛行場の危険性除去という大義名分のもと、振興策を目当てに経済活性化への望みを繋いだのが、移設受け入れの容認の理由だった」

もちろん、基地があるためにいろいろな事件が起こっている。だから、もろ手を挙げて賛成しているわけではあるまい。しかし、尖閣を狙っている中国の次の狙いは明らかだ。それを考えれば、基地を容認する以外の道を選ぶことができないのではないだろうか。

宮本氏が言うような経済的な事情も含めて、「背に腹はかえられない」というのが、正直なところなのかもしれない。

なぜ、辺野古周辺住民が発する移設容認の声が聞こえてこないのか。宮本氏は、そこに、メディアの作為を感じるという。

たとえば、沖縄でたびたび開かれる県民大会である。平成二十二（二〇一〇）年四月に開催されたとき、沖縄の地元二紙も全国紙も、九万人以上の県民が参加したと伝えた。

しかし、実際にその集会を取材した宮本氏は、そこに活動家組織の旗が、隙間もないほどたなびいていることに驚いたそうである。中には、理由を言わずに女子高校生二人をドライブに誘った高校教員が会場へ連れていったというケースもあったらしい。

しかも、会場では、

「開会宣言の直後、何も決議されていないのに、地元紙は『県内移設反対決議』という号外を配布」

「大会が半ばまで進んだとき、写真撮影のために、立錐の余地がないほどたなびいていた旗が降ろされた」

などの作為があったと宮本氏は語っている。参加者の九万人という数字にも疑問が残る。警察やその他の情報機関からの情報では、多くても三万人、二万人としたところもあった。この情報の乖離はいったい何であろうか。

こうした報道を見たら、「沖縄県民の民意は、県外・国内移設が多数派である」と多くの人が感じるであろう。これは、世論の明らかな誘導ではなかろうか。

## 新聞が本音を言えない環境を作る

国民それぞれに考えがある。言論の自由に則って、個々人が自由に言論活動を展開すべきだ。しかし、新聞等メディアが特定方向に偏った報道をすることで、国民は「本音」で話しにくくなってしまうという弊害がある。これは大問題だ。

宮本氏も指摘しているように、「沖縄県民の民意」が県外・国内移設が多数派である、という方向に強く報じられると、容認派の人々は、本音を話すことができなくなる。そのために、容認派の人々は、実名が公表されることを嫌った。

地域の議員たちの中にも、この雰囲気に敵わず、心ならずも反対派に回る者が存在するという。そうしないと、選挙で当選することが難しくなるからである。

人々が本音を言えない環境は、普天間飛行場周辺にもあるようだ。じつは、普天間飛行場の移転そのものに反対する人が少なからずいるとして、宮本氏は、周辺住民の本音を聞き出している。

匿名を条件に本音を漏らしたのは、六十代の軍用地地主だった。彼は、「決まった地代が入るから、普天間は今のままがいい」と言ったという。

明日の生活がかかっていることを考えれば、経済的事情を無視することはできまい。返還されたとしても、軍用地として長年使用されてきた土地を再利用、再開発するには二十年以上もかかるのである。そんなことが可能だろうか。

しかし、地代を頼りに生活をしている人々は、周囲から「自分の利益を優先させるのか」というそしりを受けることを恐れて本音が言えないでいる。

沖縄県民という「弱者」を救済しているようでありながら、その実、多くの「弱者」を作り出しているのは報道機関なのではなかろうか。

沖縄県民と言ってもひとくくりで捉えることはできず、さまざまな立場がある。

宮本氏は、それを、軍用地地主・基地の従業員・基地関連収入を得ている自治体・米軍基地撤退派・無関心・反米イデオロギー闘争の手段にしている活動家と、六つの立場を示し、それぞれの視点から見なければ本音は見えてこないとしている。


とはいえ、その一方で、「偏向報道」への批判を「沖縄の現実を見ていない」と逆に批判する声があることも付記しておきたい。

その主張は、「偏向報道批判は、政権への悪口は許さないという意味での批判であって、取材や事実確認をせずに情報を垂れ流している」というものだ。

しかし、宮本氏の綿密な取材を見れば、この批判が必ずしも当たっていないということがおわかりいただけるだろう。

# 中国と沖縄基地問題

令和元年（二〇一九年）、日本政府は、中国の習近平国家主席を国賓として招くことを決定したが、コロナウイルスの蔓延で、延期となった。

しかし、中国は、東シナ海、南シナ海に出ていって人工島を建設し、さらにベトナム、フィリピンを懐柔しようとしている。

香港の一国二制度を破棄し、さらに台湾を併合しようとしている。中国の野望が沖縄にまで広がる恐れは、絵空事ではない。

しかし、一部の日本のマスコミは、こうした状況を問題視していないように見受けられる。

たとえば、中国が新疆ウイグル自治区周辺で、四十六回もの核実験をやっている事実をご存じだろうか。知らないのも無理はない。新聞が報道しないからである。信じられないと言われるかもしれないが、世界ウイグル会議のラビア・カーディル議長が外国特派員協会での記者会見で肯定しているのである。地下実験でやるはずのことを地上でやるのだから、高線量の放射線を浴びてしまった住民もいるはずだ。新聞だけではなく、たとえばＮＨＫは、シルクロードを特集した番組を作った。なんと、核実験が行われた場所を「素晴らしいところ」だと紹介したのである。

また、中国の民族同化政策もすさまじいものがある。この「民族同化」は「民族浄化（ethnic cleansing）」だと、そう言っていい。「民族浄化」とは、特定の民族残し、他の民族を一掃して無にしてしまうということだ。恐ろしいものである。

昭和二十五（一九五〇）年にチベットへ侵攻した中国は、中国語を公用語にすることを強要し、チベット語を奪った。寺院を破壊してその文化を破壊した。だから、四十歳以下の僧侶の多くは中国語しか話せなくなっている。漢民族を移住させて、チベット人を全国に移住させて分散した。

亡命中のダライ・ラマ十四世が来日し、外国特派員協会で記者会見をしたとき、会見の席にいた若い新華社通信の記者を指名した。記者は得意気に「中国ではチベットブームが起こっている」「全国でチベット展が開催されている」「チベットの人々は中国全土でチベットの文化を紹介している」などと言っていたが、これは、強制的に移住させられた結果なのである。

ダライ・ラマ十四世は、「ハッ、ハッ、ハッ」と笑って、「だが彼らには自由がない」と言い放った。チベット人は、自らの意志で故郷を離れ、中国全土に散らばったわけではなかった。

これ一つをみただけでも、中国の脅威が伺い知れるだろう。立地条件的に中国にほど近い沖縄も他人事ではないのである。

## 新聞が沖縄の世論を操作している

ここまでのところで、「辺野古移設反対」は沖縄住民の「総意」ではないということを述べた。読者の中には、「総意でないのであれば、どうして、反対派の知事が選ばれるのか」という疑問を持つ人がいるかもしれない。

しかし、人間は、ときに世論に踊らされてしてしまうことがある。歴史をひも解いてみてまず思い浮かぶのは、ドイツである。ヒトラー率いるナチスの暴虐は、戦後世界中の非難の的になった。

ドイツ人があれほど非道なことをした背景にあるのは、やはり「世論」という奔流がものすごい勢いで「ハイル・ヒトラー!」（ヒトラー万歳!）の方向へ流れていったからである。

ヒトラーは独裁者として突然現れたのではなく、選挙で選ばれたのである。つまり、これは当時のドイツ国民の「意思」だったことを思い起こしてほしい。

それでは、沖縄の「基地移設反対派」の報道を大々的に行っているのは誰か。それは沖縄で発行される『沖縄タイムス』と『琉球新報』という二紙の新聞である。そして、「自分が選ばれたのは県民の総意である」として、故翁長雄志前県知事も玉城デニー現県知事も「辺野古移設絶対反対」の姿勢を貫く。

以下は、外国特派員協会記者会見における故・翁長前県知事の発言の概略である。

「五百年もの間、日本、中国、東南アジアの懸け橋としての役割を果たしてきた琉球王国が、日本に併合され、敗戦後、日本独立の引換としてアメリカの支配を受けるようになった苦難の歴史」があると語った上で、翁長氏は、今回の移設計画を非難することに終始した。

・普天間基地の危険性除去だというが、そもそも、普天間は戦後、住民が収容所に入れられているときに、もともと住んでいた土地を接収されたところで、土地は住民のものだった。

・政府は、「日本の安全保障をどう考えているのか」と切り札のように言うが、今の状況を作り出した原因は日本政治の堕落にある。

・辺野古で始まったボーリング調査は、まさに海上での銃剣とブルドーザーでの基地移設が始まったことになる。

・このように、自国民の自由、平等、人権、民主主義を守れない国が、どうして世界の国々とその価値観を共有することができるのか。

・安倍総理は、返還も着々と進めているというが、それで沖縄の基地が減る率はわずかのもので返還はないに等しい。
・オスプレイ配置も軽減しているというが、過去に、辺野古基地はオスプレイ配置も視野に入れているという、森本元防衛大臣が書いた本を見れば、とても信じることはできない。
・安保条約の大切さは理解しているが、それは、日本全体で考える問題であって、辺野古基地を認める話にはならない。
・中国の脅威を云々されるが、沖縄の基地を強化することで対応できるのか。

こうした発言を聞けば、多くの日本人は共鳴し、沖縄の悩みや苦しみを理解するだろう。しかし一方で、この反対運動が実を結んだとしたら、経済的に困窮し、職を失う人が出てくる可能性も否定できない。こうした発言や報道は、基地のマイナス面を知りつつ密かに、基地移設に賛同している人々を無視していると言えるのである。

# 国連委員会における翁長元知事の問題発言

前項のような会見を開いた翁長氏は、平成二十七（二〇一五）年、ジュネーブで開催された国連人権理事会に出席した。この席で、翁長氏は、沖縄の基地問題に対する日本政府の無謀さを訴え、「沖縄はの人々は、〝セルフ・ディタ一ミネーション〟も人権もないがしろにされている」との見解を示した。国連で〝セルフ・ディターミネーション〟と言えば、それは「民族自決権」を意味するのである。

国連でそう宣言した翁長氏は、帰国すると、辺野古沖の埋め立て承認を取り消した。私はこのとき、『夕刊フジ』の取材に次のようにコメントした。新聞社のリード文に続けて概要を紹介しよう。

沖縄県の翁長雄志知事は13日、米軍普天間飛行場の移設先である名護市辺野古沖の埋め立て承認を取り消した。防衛省沖縄防衛局はこれを不服として、14日中にも行政不服審査法に基づく審査請求と効力停止を石井啓一国交相に申し立てる方針。

政府と沖縄県が「全面対決」するなか、翁長氏の危険極まる言動について、米紙ニューヨーク・タイムズや、英紙フィナンシャル・タイムズの東京支局長を歴任した、英国人ジャーナリスト、ヘンリー・S・ストークス氏が緊急激白した。

翁長氏がついに、辺野古沖の埋め立て承認を取り消した。

菅義偉官房長官は13日、「(仲井真弘多)前知事から行政の判断は示されており、法的瑕疵はない」と記者会見で語っていたが、まったく同感だ。翁長氏は完全に一線を越えてしまった。

これまで何度も指摘してきたが、辺野古移設は「世界一危険」といわれる普天間飛行場の危険性を除去しながら、沖縄の基地負担を軽減し、日米同盟の抑止力を維持する「唯一の策」だ。中国は1990年代以降、国防費を毎年10%前後増加させ、沖縄・尖閣諸島周辺に艦船を連日侵入させている。沖縄本島への領土的野心もあらわにしている。

翁長氏は、沖縄の地政学的重要性も考えて判断すべきだが、聞く耳を持たなかった。安全保障に対する意識が欠落しているのか、何らかの意図や背景があって目を閉ざしているかの、どちらかだろう。

こうしたなか、翁長氏の、看過できない「ある発言」を知った。

翁長氏は先月21日午後（日本時間22日未明）、スイス・ジュネーブで開かれた国連人権理事会で、辺野古移設に反対する演説を行った。日本の新聞は、翁長氏の「沖縄の自己決定権がないがしろにされている」という発言を報じていたが、正確には「自己決定権」と訳されている部分は「self-determination」という英語を使ったのだ。

この英語は、国際法上の権利用語であり、正確には「民族自決権」と訳し、「植民地や従属地域からの分離、独立」を意味する。つまり、翁長氏は国連で「沖縄県民は独立民族だ」「沖縄は植民地」「沖縄には日本から独立する権利がある」と宣言したようなものだ。

歴史的に、民族自決権を求める戦いは「武装蜂起」や「大量虐殺」など、悲惨な結果をもたらしてきた。コソボ、セルビア、ボスニア、ソマリア…。翁長氏はどういう意図で「民族自決権」という言葉を使ったのか。知恵をつけた人物や組織があるのか。沖縄が大混乱して喜ぶ国はどこか。

（中略）沖縄に迫る危険性について、日本国民、特に沖縄県民は深刻に受け止めるべきだ。

（取材・構成　藤田裕行）

しかし、日本政府や私の見解が沖縄県政に反映されることはなく、玉城デニー現知事も、翁長前知事の方針を踏襲しようとしている。

父がアメリカ人、母が日本人という出自の玉城氏は、だからこそ、沖縄の多様性や寛容性に根差した政策を語ることができると言う。平成三十（二〇一八）年十一月に外国特派員協会での訳者会見で、玉城氏は辺野古移設問題について、

「埋め立て承認の取り消し・決定が、承認取り消しの執行停止という司法的手続きにより、工事を再開していることは、自分の当選という形で改めて示された民意を踏みにじるものである」

と言った。私は、ここでもまた「民意」と沖縄県民の総意がそこにあるかのような主張に危惧を覚えるのである。

玉城氏はまた、辺野古新基地建設への賛成・反対を問う県民投票を準備していると も言った。選挙で示された建設反対の民意をさらに強める必要があるとして準備を進めているというが、ここでも、作られた「世論」に左右された結果が出るのではないだろうか。

なお、玉城氏は、知事選に臨むに当たって、「三つのD」を伝えたそうだ。

その三つとは、「誰もが生きていることが認められ、誰もが権利を保証されているDiversity」「沖縄における基地問題をはじめとした苦難の生活を乗り越えてきた人々が心から求めていたDemocracy」「琉球王国時代からの外交Diplomacy」の三つである。ここに、そこはかとなく「民族自決権」の香りを感じるのは私だけだろうか。

率直に言えば、私は日本に占領軍が戦後七十年以上も居座り続けることには反対だ。イギリス人なら、自国内に他国の軍隊が駐留することに断固反対するだろう。それは、独立主権国家として当然のことだ。

ただ、日本は対米戦争には破れ、降伏した背景がある。また、前文と9条の縛りもあって「主権回復」をした昭和二十八（一九五三）年の後も、自国の軍隊を持てずに今日に到っている。さらに対ソ冷戦は、軍隊を持たない日本に米軍が駐留する大義名分を与えてしまった。自国の軍隊のない日本は、米軍に安全保障を依頼せざるを得ない現実の下にあるのだ。

## 米軍はどのような役割を果たしているか

アメリカは戦後、戦争の責任は全面的に日本にあるとして、自国の主導の下で憲法を作り、日本人に自虐史観を植え付けた。そして、サンフランシスコ講話条約締結により、日本が独立したのちも、今に至るまで日本に駐留し続けている。

確かに、アメリカがさしかけている「核の傘」がなければ、日本の高度成長も平和もなかったのかもしれない。だから、米軍の沖縄駐留が、沖縄に軍事的な影響力を及ぼすためなのか、あるいは守るためなのかと問われれば、その「両方」だと答えざるを得まい。

しかし、もし、沖縄にいるアメリカ軍が、アメリカの国益にならないことで血を流すようなことが起こったら、アメリカの世論は即座に撤退を要求するだろう。日本を「防衛する」といっても、アメリカが国益にならないリスクを冒してまでその目的を遂行することはないはずだ。

一方、日本の戦前における占領政策はどうだったのか。列強の植民地であった戦前の東南アジア諸国に進攻した日本の目的が、占領することではなく、独立させるためだったと考えると、占領と言うよりは独立運動支援だったということになる。

なぜならば、日本はアジア諸国で、その国民が自国の軍隊をつくることを教え、その訓練を手助けした。戦争が日本の敗戦という形で終結してからも、彼の国にとどまって戦う日本人が大勢いたからだ。

東南アジアの国々が、日本に感謝するのは、日本人が自分たちを守るために血を流してくれたと思っているからなのである。だからこそ、彼らは日本に感謝し、日本を素晴らしい国だと言って敬うのである。

このことからも、軍事的な影響力を持つことは、現地の人々を締め付けるという側面だけではなく、現地を「防衛・支援」する側面もあるということがおわかり頂けるはずだ。

# この国が名実ともに自立するために

このように、戦後の日本はアメリカの「傘」に入ることで大きなメリットも得てきた。現在、日米同盟を強化することは日本にとって命運に関わる重大事である。

しかし、そろそろ、日米地位協定に代表される不平等条約を改正して、名実ともに日本が独立主権国家になることを目指したほうがいいのではないかと、私は思うのである。

最も、それを実現するためには、今の自衛隊では難しい。自衛隊が自力で頑張れる時間はせいぜい三十分と言う専門家もいる。その後は米軍に助けてもらうというのであれば、独立主権国家として、あまりにも情けない。

さらに言えば、「アメリカは日本を守るために血を流してください。でも日本はアメリカを守るための血は流しません」というのは明らかにフェアではない。

しかし、今の日本人に他国のためどころか、自国を守るために血を流す気概があるだろうか。国防意識という点では、日本は弱体化の道を歩んでいるような気がしてならない。たとえば「厄介なあの二国」から、日本は先の戦争で過ちを犯した、などと言われても反論をしない。

反論をしないどころか、日本自身というよりも、新聞がそれを認めるような記事を書く。教育もまた、その流れの中にある。

真実を訴えれば、原爆を二度も投下したアメリカこそ、大量に民間人を虐殺した戦争犯罪国家ではないか！

日本にとっての急務は、情報力を身に着け、自国を防衛する軍事力を整備し、激動する世界状況にどう対処すべきかを考え実行することにある。そのためには、自虐史観を一掃しなければならない。

# 第6章

# 真実を伝えない新聞は、万死に値する

# 日本の新聞の投書欄はなぜ、つまらないのか

日本の新聞しか読まない多くの読者は気づかないと思うが、欧米諸国の新聞と比較して、日本の新聞との大きな違いは「投書欄」である。どこが違うのか。それは「論争があるかないか」だ。

「オプエド（Op-Ed = Opposite Editorial）」というが、欧米の新聞は、新聞に掲載されている記事や論説を批判する投書を積極的に掲載する。かなり辛辣な意見や見解が寄せられることもあるが、そういうものほど積極的に取り上げ、記者や編集者は、それに積極的に答えようとする。「オプエド」は、日本の新聞の投書欄とは異なり、署名入りの「論説記事」なので、より一層書き手の責任が問われるものであるからか

もしれない。
つまり、新聞紙上で、対等の立場での読者対新聞記者の論争が起こる。欧米の新聞で投書欄が最も面白いのはこういうわけなのである。

それに対して、日本の新聞は、こうした批判的な投書を掲載しないし、読者の側も批判するような投書はしないようだ。というよりは、その新聞に批判的な人は、その新聞を読まない。

しかし、政治の議会でも、与党の政策に対して、野党からの反論があるから、議論が深められるのだ。ワン・ウェイの、一方通行の新聞報道では、読者とのディベートがないではないか。ところが、日本の新聞は、大上段から読者に一方的に新聞を読ませる。まるで、神が、その僕《しもべ》に、神の世界観を告げるかのようだ。

日本では、相手の話を聞いただけで、その人が読んでいる新聞がわかるといわれるが、そういう背景があってのことなのだろう。読者は投書欄を読むとき、「そうだ、そうだ」と大きくうなずきながら読んで、それで満足しているのかもしれない。

しかし、論争を期待しているイギリス人の私にとっては、日本の新聞の投書欄を、もっと議論の場として生かせないかと思うのである。


こうした傾向は、新聞社の論調の如何にかかわらず、どの新聞も同じだ。しかし、これではまったく主張とその理解に発展性が期待できない。

日本人は、対立を避ける、争いたくないという国民性を持っている。とことん議論をして、意見を戦わせることで結論を引き出そうと思わず、いい加減のところで「まあまあ」と妥協し、少しの満足と少しの不満で終わらせるという特性を持っている。

同時に、同じ意見を持つ人ばかりで集まり、「意見が同じ」だということで、同志である確認をして、仲間意識を高めているように思える。


さらに、ディスカッションやディベートに慣れていない。だから、論争が始まると、相手に対して感情的になったり、相手の人格まで否定するようなところまでいってしまうことも多いようだ。

議論している「内容」と、見解を戦わせている相手の「人格」をはっきりと区別して議論を進めていくことが、日本人には難しいらしい。

「私はあなたの意見には反対だが、あなたがそれを主張する権利は命がけで守る」と言ったのは、フランスの哲学者・ヴォルテールといわれている。これは欧米では当たり前のことになっているが、日本で定着するのは難しいことなのだろうか。言論誌の編集部が、たまに異論を掲載したりすると、「何であんな論文、論者を載せるのだ」と、抗議のメールや電話がきたりもするようだ。

# 読者を啓蒙したがる日本の新聞

もう一つ、私が日本の新聞のことで気になったのは、新聞が読者を上から見る傾向があることである。「真実を知りたければこれを読め」「それはこういうことなんだよ」と、読者を啓蒙しているような雰囲気が感じられてならない。

これは私には理解できないことなので、国際政治学者の藤井厳喜氏に聞いてみた。藤井氏の説明によると、現在のジャーナリズムの原点は、明治初期の反政府運動にまで遡るものだという。つまり、薩長の藩閥政府に反発する旧武士階級が新聞を作ったということである。

「その点では、はじめから『反政府』という立場でした。自由民権運動では、この傾向がますます強くなりました」

明治の自由民権運動は、日本に近代的なデモクラシーを根付かせるために重要な役割を果たした。しかし、それと連動して発行されるようになった新聞は、庶民の中から生まれたものではなかった。権力をめぐる闘争に敗れたエリートが勝ったエリートを批判するメディアになったのである。

「武士階級だった人たちは当然、エリート意識が強かったから、どうしても『無知蒙昧な民衆を導く』という傾向が強くなります。そしてまた、これが彼らの使命感でもあったのです」


その傾向が今でも続いている。つまり、権力を批判してやまないマスコミが、エリート意識満々の権力志向を持っているのだ。藤井氏は続けて次のように言った。

「マスコミは盛んに『権力批判』と言いますが、そのマスコミ自体が三権分立に続く第四の権力なわけです。マスコミが政府を批判することはたやすいのですが、民衆がマスコミを批判することは難しいのです。何故ならマスコミは、当然のことながら自らを批判する意見に場を与えないからです」

それを聞いて、ここにも西欧と日本の新聞等メディアの違いがあることがわかった。というのは、西欧では、自治都市の市民たちが政治や商業の情報を知る必要を感じたことで情報紙としての新聞が生まれているからである。つまり、「本当はどうなんだ、教えろ」という庶民の要望に応えるものだったのである。

日本の新聞が、もっと面白いものになる一つの提案として、西欧における署名入りの論説記事「オプエド」を採用してみてはどうだろうか。

新聞社と読者が、ディベートする新聞は、欧米では当たり前だが、幸いにも、日本ではまだ新しいもので、新鮮かもしれない。

それによって、長年にわたり「偏向報道を続ける」などと、ありえない新聞不信も、きっと回避できるようになるはずである。

# 新聞記者はいかにして真実を伝えるべきか

最も尊敬するジャーナリストに、私の大先輩に当たるヘッセル・ティルトマンがいる。

彼は、第二次世界大戦が始まる前の一九三五年、イギリスの『デイリー・エクスプレス』の特派員として来日した。日本の陸軍青年将校らが起こしたクーデター未遂事件（二・二六事件）や日支事変の最前線を取材したのち、従軍記者としてヨーロッパに渡った。

戦後再び来日し、復興していく日本の姿を取材、「日本外国特派員協会」の設立に尽力した人物である。

彼に私淑していた犬丸徹三氏（帝国ホテル社長）の協力により、ヘッセルは帝国ホテルを常宿として記者としての仕事に励んだ。彼はまた、私が所属している「日本外国特派員協会」の設立にも尽力し、日本とイギリス両国の友好の懸け橋となった。この功績により、勲四等瑞宝章を授与された。これは、外国特派員としてはじめてのことであった。外国特派員協会のダイニングルームで、彼の姿をよく見かけたものである。彼は、この協会の会長を三回にわたりつとめた。

彼は、戦前・戦後における激動の日本、先の戦争の焼け野原から復興して、高度経済成長へ歩を進めていく日本の姿を、西側のジャーナリストの視点から世界に伝えた偉大な人物だった。広田弘毅、近衛文麿ら戦後の政治家たち、戦後の吉田茂とは親しい仲だった。

私が彼を尊敬するのは、彼が「ファクト（事実）」を報道し続けたからである。日本を取り巻く世界情勢が混迷を極めている今だからこそ、彼のジャーナリストとしての「世の中の真実・本質」を見抜く鋭さが、求められていると、そう思う。

戦前、すでに述べたように厄介な大国の隣国から、お金をもらって、南京事件に関する偏った記事を書いた記者が多かった。

彼らは、現場を見ようとはせず、与えられた台本に従ってただ書くだけという、記者にあるまじき行為をしたのである。

しかしヘッセルは違った。彼は戦前、何度も満洲国を訪れ取材している。西側メディアたちがこぞって、満洲国に対して「不承認」の姿勢を表していたなかで、かの地に日本が「多民族共生国家」を生み出そうとしたことを高く評価し、報じたのだ。彼は当時存在していた反日プロパガンダに従わない、「ジャーナリスト魂」を持っていたのである。


私はヘッセル・ティルトマンのように、ジャーナリストとして真実をきちんと報道したいと思っている。たとえ社の方針があったとしても、自分できちんと事実を確認して、自ら取材したことを報道してきた。

ヘッセル・ティルトマンは、『伝説の英国人記者が見た日本の戦争・占領・復興1935-1965』（加瀬英明訳、祥伝社。一九六五年、新潮社刊行の『日本報道三十年』の復刻版）で、日本の波瀾に満ちた戦前戦後の歴史を描いている。この間日本はどんな生き方をしてきたのか、その詳細な記録とも言える。

ケント・ギルバート氏は、この本を絶賛し、次のような推薦文を寄せている。

「戦前の日本は暗く遅れていたと信じる日本人が多い。自虐的な戦後教育でそう刷り込まれたのだ。歴史の真実を知りたければ、英国人ジャーナリスト、ヘッセル・ティルトマン氏が著した本書は必読となる。

二・二六事件当日の東京や満洲国の建国なども、自ら精力的に取材。戦後は高度成長期まで日本で過ごされた。公正な視点から今鮮やかに甦る日本激動の三十年間は、驚きに満ちている」

# 戦前にもあった民主主義

民主主義は、戦後アメリカから教えられたものだと考えている人が多い。しかし、「大正デモクラシー」をご存じだろうか。これは、一説によれば明治四十三（一九一〇）年代から一九二〇年代にかけての時期に起こった自由主義的な運動である。政治、社会、文化と多岐にわたり、普通選挙や言論・結社の自由、男女平等、ストライキ権、大学の自治権、美術団体の文部省支配からの独立などを求める運動がなされた。

昭和に入って、日本は欧米の締め付けに合い、アジアに唯一残された独立国として、軍事力を強化せざるを得ない国際情勢の下に置かれた。アジアに残された独立国は日本のみ。他国は全て白人の支配下に置かれてしまった。そうした厳しい環境下で国民の自由も、言動も、一部取り締まられるようなこともあった。しかし、間違いなく民主主義は戦前、戦中の日本にも存在したことを日本人は知るべきである。

また、それ以前、明治維新当時に遡れば、明治天皇が発布した「五箇条の御誓文」の第一条に、「広く会議を興し、万機公論に決すべし」とある。

これは、のちに自由民権運動の基本的な精神になり、大正デモクラシーを生み、近代国家建設のさまざまな施策に受け継がれたのではないだろうか。

さらに、昭和天皇は終戦の翌年、昭和二十一（一九四六）年の元旦に五箇条御誓文を引用して、「自分は誓いを新たにして、国運を開こうと思う。国民が心を一つにして、自らを励まし、この大業を成就したい」という旨の詔書を発表している。

この詔《みことのり》については、三島由紀夫がまだ生きていた頃から語られていた。この天皇のメッセージを「天皇の人間宣言」とメディアが報じたのは「虚報」であると、三島たちは思っていた。そのことについては、これまで、別の著書でも言及してきたので、本書では触れないが、五箇条の御誓文を引用したのは、天皇が「日本の民主主義は戦後移植されたものではない」ということを明確にしたかったからである。

この御誓文第一条に、日本の民主主義の基本が示されていると考えるのは私だけではあるまい。

さらにその原点を遡れば、日本の神話の世界がある。日本の神話では、出雲大社で神々は、「神議《かみはか》り」と言って、神々の間で議論をし、合意して、ものごとを決定しているのだ。これは絶対神がすべての権限を有している一神教の世界観とはまったく違う。　むしろ、会議をして、多数の意見でものごとを決めるというのは、日本人にとって、神話の時代からの意思決定の在り方なのだ。

日本の新聞は、戦前は戦意高揚の記事、戦後はアメリカから教えられた民主主義と、偏った報道ばかりをしてきたのではないか。

新聞の持つ影響力の計り知れない力を、正しく使うことが大切である。

# 大新聞は報道の原点に立ち返れ

一般社団法人日本新聞協会が毎年一月に発表しているデータによれば、このところ新聞の発行部数は減り続け、令和二（二〇二〇）年の発表では前年比二〇九万部減（五・二％減）だった。

総発行部数は平成二十一（二〇〇九）年まで五千万部台を保っていたが、平成二十二（二〇一〇）年に四千九百万部台に落ち込み、平成三十（二〇一八）年には四千万部も割り込んだ。令和元年（二〇一九年）には三七八一万部まで落ち、ピーク時から見ると四分の三を割っている。

昨今の厳しい状況には新聞社にも危機感があるようで、平成二十五（二〇一三）年に開催された、日本新聞協会主催の新聞大会でもそれが問題になった。新聞社の幹部が五百人ほど集まったが、「無読化を食い止めるには」など、現状を憂う言葉が飛び交ったのである。

ネットが発達し、ソーシャルメディアを老若男女を問わず使いこなすようになった昨今、新聞の無読化傾向はますます顕著なものとなっている。

拙書『戦後70年の病根を検証する　連合国戦勝史観の徹底批判!』で、国際政治学者の藤井厳喜氏と対談をした折にも、このことが議論に上げられた。「ネット時代の新聞」に関して、同書より藤井氏の見解を紹介しよう。

「(中略) インターネット時代になってだいぶ変わってきました。第一、新聞も読まないしテレビも全く見ないという若者が増えています。新聞も全く見ないというわけではないのでしょうが、スマートフォンで各紙のタイトルだけ見るといったような具合です。日本の新聞だけではありません。先進国の有名な新聞は、どんどんその部数を減らしています。有名なワシントンポストも、紙の新聞はなくなり、インターネット版だけになってしまいました」

日本に限らず、アメリカでも、創業して十六年も経っていなかったアマゾンが平成二十五（二〇一三）年に、約百四十年続く老舗の『ワシントン・ポスト』を買収したことが話題になった。

私は、昭和五十五（一九八〇）年代に社主のキャサリン・グラハム氏が来日したときのことを複雑な気持ちで思い出したものだ。このとき、日本の政財界が総出で歓迎し、彼女はアメリカの女王のように振る舞っていたからである。

しかし、新聞とネット情報はまったく違う媒体である。一言で言えば、新聞は「読者のところへ飛び込んでくるもの」であり、ネット情報は「こちらから求めていくもの」だということである。その違いは大きい。

つまり、ネット情報は、知りたいと思うことのみを検索しているから、その分野で詳しくなっても、興味のない情報が入ってくることがない「オン・デマンド」なのである。

前述の藤井氏は、「(ネット社会の発達は) 良い事ばかりではないでしょうが、既存のマスコミへの批判が、新聞の部数減やテレビの視聴率低下をもたらしているのだとすれば、むしろ健全な事ではないでしょうか?」と言っている。私も藤井氏の意見に同感である。

新聞離れが起こっているのは、新聞が、「人々が知りたい」ことを伝えるのではなく、「大本営発表」のように、上から目線で大衆を教化しようとして、報道の原点を忘れたからではないか。さらに、あろうことか大新聞までが、さまざまな捏造記事を報道した。

たとえば、悪質な捏造事件として有名なのは、平成元年(一九八九年)四月二十日の朝日新聞夕刊に載った「サンゴを汚したK・Yってだれだ」という特ダネ記事である。

保護されていたきれいなサンゴの表面に、「K・Y」というイニシャルが刻まれた写真が掲載され、「K・Yってだれだ」と告発する文章が載った。しかしこれは、カメラマンが自分でサンゴに傷をつけたものだったことが判明した。

福島第一原発事故のときも、朝日新聞が独自に入手した第一原発吉田昌郎所長の調書をもとに、事故当時、所員の九割に当たる約六百五十人が所長の待機命令に違反して、第二原発に撤退したと報じたが、これも事実でなかった。

「所長命令に違反　原発撤退」という見出しが躍ったこの記事は、まるで沈む船から船員が逃げだすような印象を与えたのか、『ニューヨーク・タイムズ』紙などのように「従業員がパニックに陥って逃走」といった報じ方をするものもあった。

それによって日本人の名誉が傷つけられ、福島第一原発に対する誤ったイメージが植え付けられてしまったのである。

新聞から飛び込んでくるニュースを自分の判断材料にしてきた読者は、こうした事実が明らかになるたびに、新聞への信頼を著しく失っていっただろう。これでは新聞の読者が減るのは当たり前だが、私からすれば、特定の方向に偏向した恣意的な報道こそ、大新聞の信頼を失わせる最大の問題である。

これは何も日本の大新聞にだけ言えることではない。私が東京支局長を務めた『ニューヨーク・タイムズ』紙などの世界的な新聞も、同様だ。

# 「責任ある報道」とはなにか

大学を出て、あこがれの『フィナンシャル・タイムズ』紙に入社し、ジャーナリストになった私は、チュニジア、ポルトガルなどで働いてのち東京へ派遣された。

これは運命だったのだろう。以来五十年にわたり、東京特派員として、『フィナンシャル・タイムズ』紙から、『エコノミスト』誌の東京特派員を務め、『ロンドン・タイムズ』紙やアメリカの『ニューヨーク・タイムズ』紙の東京支局長を務めてきた。

この五十年、常に正しい情報を得ることを心がけて、東京発の情報を世界に発信し続けてきた。だからこそ、昨今の「新聞離れ」の状態を知るにつけ、暗たんたる思いでいっぱいになる。

すべてのジャーナリストが自覚すべきことは、テレビや新聞などのメディアが途方もない大きな力を持っているということだ。新製品や新会社について一言報じるだけで、大衆の印象を左右できる。

新聞記者としての私の長い体験から言っても、真実を報道することは難しい。しかしジャーナリストはその困難を乗り越えて、真実を報道していく使命があることを忘れてはならないのである。

# おわりに　新聞の復権のために

どんなにウェブ社会が発達しようと、生々しい血の通ったファクトを追い求めるジャーナリストにとって「取材」は最も大切な仕事である。

ところが、体に不自由が生じてきたために、ここ数年、私はもどかしい思いをしてきた。

十年ほど前から、私の体調には少しずつ不具合が出て来た。

長年の友人の加瀬英明氏と『なぜアメリカは、対日戦争を仕掛けたのか』（祥伝社）を共著として出版したころは、それでも自分でワープロを打つことができた。ところが、その後パーキンソン病を患ったために、商売道具のワープロが打てなくなった。

ただ私には幸い、私の活動を支えてくれている翻訳家で、国際ジャーナリストの藤田裕行氏という頼りになる同僚がいる。『英国人記者が見た連合国戦勝史観の虚妄』（祥伝社）は、この藤田氏に英語で口述し、ワープロを打ってもらった。

しかし、その後、次第に耳が遠くなり、足も不自由になってきて、なかなか記者会見に出られなくなった。記者会見に出ても、耳が聞こえないと取材ができない。

そこで、藤田氏に外国特派員協会の記者会見など、直近の情報を「報告」してもらい、それをもとにコメントを藤田氏に口述した。そうやって、かなりの新聞記事を発表し、本を出版した。

しかし、入退院を繰り返すようになると、体力の衰えも痛切に感じるようになった。何度か、肺炎で一か月以上も入院した。感染症で二か月近く入院したこともあった。いまは、自宅で療養中というところだが、命の続く限り、世の中に情報発信をしていきたいと、そう思っている。

藤田氏は、外国特派員協会で記者会見が行われると、いち早く取材に行き、仕入れた情報を私に報告してくれる。また、国内外の新聞やメディアで報じられた内容を、タイムリーに教えてくれる。

私より二十歳以上も後輩だが、文字通り私にとっては、私の「手」「足」「耳」の役割を果たしてくれているかけがえのない存在である。

私の情報収集に関するもどかしさも、彼のもたらす鮮度のいいファクトと、それを巡る本音の議論の応酬によって十分補われている。

本書も、彼との共同作業から生まれたものであることを本書の最後につけ加えておく。

最近、私の最も憂慮していることは、まさに私が長年携わってきたメディアの世界、とくに日本の「新聞」報道に対する疑念や不満の思いである。

中でも日本の世論を代表し、国民の知的生活を左右する大新聞が、今や国民からの支持を失い、「大衆の敵」というべき存在になりかけている。その影響もあってか、若い世代にはまったく新聞を読まない層が増えているようだ。

本書の目的は、大新聞をはじめとした日本のメディアの「偏向報道」を糾弾するものではあるが、その「罪を裁くこと」自体が目的では決してない。長きにわたって新聞の世界に生きて来た私は、新聞メディアの「正常化」を心から願っているのだ。新聞が、再び「メディアの王」として復活することを祈って、本論をまとめた次第である。読者諸兄のご理解を賜りたい。

令和二年三月

ヘンリー・S・ストークス

## 主要参考・引用文献（順不同）

"Fallacies in the Allied Nations' Historical Perception as Observed" by a British Journalist,
by HENRY SCOTT STOKES, HAMILTON BOOKS
『英国人記者が見た連合国戦勝史観の虚妄』ヘンリー・S・ストークス著、藤田裕行訳（祥伝社新書）
『英国人記者が見た世界に比類なき日本文化』ヘンリー・S・ストークス、加瀬英明共著 藤田裕行訳（祥伝社新書）
『なぜアメリカは、対日戦争を仕掛けたのか』ヘンリー・S・ストークス、加瀬英明共著 藤田裕行訳（祥伝社新書）
『英国人ジャーナリストが見た現代日本史の真実』ヘンリー・S・ストークス著、藤田裕行訳（アイバス出版）
『連合国戦勝史観の徹底批判！』ヘンリー・S・ストークス、藤井厳喜共著、藤田裕行編集・翻訳（自由社）
『戦争犯罪国は、アメリカだった！』ヘンリー・S・ストークス著、藤田裕行訳（ハート出版）
『大東亜戦争は日本が勝った』ヘンリー・S・ストークス著、藤田裕行訳・構成（ハート出版）
『欧米の侵略を日本だけが撃破した』ヘンリー・S・ストークス著、藤田裕行訳・構成（悟空出版）
『外国特派員協会重鎮が反日中韓の詐偽を暴いた』ヘンリー・S・ストークス著、藤田裕行訳・構成（悟空出版）
『四人の金日成』李 命英著、成甲書房
『朝日新聞「戦時社説」を読む』室谷克実著（毎日ワンズ）
"What War Means: The Japanese Terror in China" by Harold John Timperley
"Taken! North Korea's Criminal Abduction of Citizens of Other Countries." The Committee for Human Rights in North
『全文 リットン報告書』渡部昇一 解説・編（ビジネス社）
『ワシントン北朝鮮人権委員会拉致報告書』チャック・ダウンズ原著・編集、植田剛彦監修（自由社）
『美しい国へ』安倍晋三（文春新書）
『新しい歴史教科書』（自由社）

『元寇はなぜおきたか日本は何が変わったか』（玉川学園・玉川大学・協同 多賀歴史研究所 多賀譲治）
http://www.tamagawa.ac.jp/sisetu/kyouken/kamakura/genkou/
『なぜ「反日韓国に未来はない」のか』呉善花（小学館新書）
『朝鮮紀行―英国婦人の見た李朝末期』時岡敬子（講談社学術文庫）
『毛沢東日本軍と共謀した男』遠藤誉（新潮新書）
『伝説の英国人記者が見た日本の戦争・占領・復興1935―1965』ヘッセル・ティルトマン著、加瀬英明翻訳（祥伝社）
『戦争を仕掛けた中国になぜ謝らなければならないのだ！』茂木弘道（自由社ブックレット）
『元イスラエル大使が語る神国日本』エリ・コーヘン著、藤田裕行訳・構成（ハート出版）
『日米戦争を起こしたのは誰か』藤井厳喜、茂木弘道、稲村公望共著（勉誠出版）
"RACE WAR: White Supremacy and the Japanese Attack on the British Empire"
by Gerald Horne, New York University Press
『人種戦争―レイス・ウォー太平洋戦争もう一つの真実』ジェラルド・ホーン著、加瀬英明監修、藤田裕行訳（祥伝社）
"Preemptive Strike ? The Secret Plan that would have prevented the attack on Pearl Harbor" by Alan Armstrong
『「幻」の日本爆撃計画―「真珠湾」に隠された真実』アラン・アームストロング著、塩谷紘訳（日本経済新聞社）
"Day Of Deceit: The Truth About FDR and Pearl Harbors by Robert Stinnett"
『真珠湾の真実―ルーズベルト欺瞞の日々』ロバート・B・スティネット著、妹尾作太男訳（文藝春秋）

著者略歴

ヘンリー・S・ストークス

1938年、英国生まれ。61年、オックスフォード大学修士課程修了後、62年に英紙「フィナンシャル・タイムズ」に入社して、64年に東京支局初代支局長に着任。以後、英紙「ロンドン・タイムズ」、米紙「ニューヨーク・タイムズ」の東京支局長を歴任。三島由紀夫と最も親しかった外国人記者として知られる。著書に『三島由紀夫 生と死』(清流出版)、『英国人記者が見た連合国戦勝史観の虚妄』(祥伝社)、『戦争犯罪国はアメリカだった!』(ハート出版)、『外国特派員協会重鎮が反日中韓の詐偽を暴いた』(悟空出版)、『大東亞戰爭は日本が勝った』(ハート出版)、『英国人記者が見抜いた戦後史の正体』(SBクリエイティブ)など多数。2017年6月14日、「国基研　日本研究賞」特別賞を受賞した。

SB新書　514

新聞《しんぶん》の大罪《たいざい》

2020年8月15日　初版第1刷発行

著　者　ヘンリー・S・ストークス

翻訳・取材・構成　藤田裕行

発行者　小川 淳

発行所　SBクリエイティブ株式会社
〒106-0032　東京都港区六本木2-4-5
電話：03-5549-1201（営業部）

装　幀　長坂勇司（nagasaka design）

本文デザイン・DTP　間野 成（間野デザイン）

著者写真　©FCCJ

編集協力　株式会社アイ・ティ・コム

印刷・製本　大日本印刷株式会社

本書をお読みになったご意見・ご感想を下記URL、
または左記QRコードよりお寄せください。

https://isbn2.sbcr.jp/06251/


ISBN 978-4-8156-0625-1

SB新書

中国が日本に抱く「嫉妬」の正体
なぜ中国は日本に憧れ続けているのか
石平

「ディープステート」とはなにか
知ってはいけない現代史の正体
馬渕睦夫

日本滞在20年タブー抜きに語る新時代の核心
米国人ジャーナリストだから見抜けた日本の国難
マーティン・ファクラー

日本在住半世紀英国人記者が教える日本文化
英国人記者だからわかった日本が世界から尊敬されている本当の理由
ヘンリー・S・ストークス

この国の真実を、すべて明かします。
本当は世界一の国日本に告ぐ大直言
ケント・ギルバート